나도 최고의 M&A 전문가가 될 수 있다

나도 최고의
M&A 전문가가
될 수 있다

김정열 지음

어깨 위 망원경

추천사

이동근 (현) 한국경영자총협회 부회장
 (전) 대한상공회의소 부회장

　저자는 지난 30여 년간 M&A 현장에서 풍부한 실무경험을 쌓고, 수많은 강의를 진행해 온 명실상부 M&A 최고 전문가다. 작가의 경력이 고스란히 담긴 저서에서는 국내는 물론 해외 M&A 동향과 미래 시장 전망을 폭넓게 분석하고 다양한 사례들을 제시하며, M&A 전략들을 쉽고 명쾌하게 풀어내고 있다. M&A와 밀접한 관련이 있는 기업, 기관, 로펌, 회계법인 등의 실무자에게는 매우 유용한 실무 지침서가 될 수 있을 것으로 보인다.

　최고만이 살아남는 치열한 경쟁 속에서 M&A는 기업 경쟁력을 높이는 중요한 수단으로 활용되고 있다. 철저한 준비와 정교한 전략을 갖춘 M&A는 시장 경쟁력을 높이고 단기간에 우위를 확보해 성공으로 이어질 수 있으나 그렇지 못한 M&A는 막대한 손실을 초래할 수 있다.

　많은 기업, 기관들이 이 책을 통해 저자의 오랜 기간 축적된 성공 노하우를 참고하면서 M&A를 통한 새로운 성장과 혁신의 방향을 찾고, 경쟁력을 확보하는 계기를 마련할 수 있기를 바란다.

임상균 (전) 매경닷컴 대표

M&A는 '종합예술'입니다.

숫자로 분석을 시작해 사람을 만나 협상을 하고, 논리와 법리로 계약을 맺습니다. 과거를 기반으로 하지만 미래를 내다보고 판단해야 합니다. 수많은 이해관계와 한정된 시간, 그리고 불확실한 상황 속에서 현명한 결단을 내리려면 단순한 기술 이상의 통찰이 필요합니다.

M&A에 성공하려면 이론이나 지식만으로는 안됩니다. 축적된 경험과 직관, 통찰이 더 필요할 수 있습니다. M&A에서 실전과 현장이 중요한 이유입니다.

저자는 30여 년의 한국 M&A 역사를 함께 했습니다. 최전선에서 수많은 성공과 난관을 경험하면 체득한 깨달음과 철학을 이 책에 집대성했습니다.

때문에 이 책은 단순한 M&A 지침서나 거래를 성사시키기 위한 기술서가 아닙니다. 한국 M&A 산업의 역사와 과제를 조망하며 미래 방향성을 제시하고 있습니다.

특히 M&A를 '기업의 성장 전략'으로 바라보는 혜안, 가치 분석과 협상의 실전 노하우, 그리고 PMI와 같은 사후 통합의 중요성을 강조하는 균형 잡힌 시각은, 현업 전문가뿐 아니라 경영자·투자자·학생 모두에게 귀중한 길잡이가 될 것입니다.

최종학　　　(현) 서울대학교 경영대학 교수

저자와 30년 동안 교류해오면서 저자로부터 M&A에 대한 많은 통찰력과 실무적 지식을 배워왔다. 국내에서 실질적인 M&A가 처음 이루어졌을 때부터 이 업무에 종사해온 저자처럼, 이 분야에서 오랫동안 전문가로서 활약한 경우는 국내에 거의 없을 것이다. 이 책은 30년 동안에 걸친 저자의 경험과 지식을 집대성한 훌륭한 지침서다. 실제로 M&A를 고민하고 있는 경영자나 M&A 자문 분야 진출에 관심있는 젊은이에게 꼭 읽기를 추천한다.

유세현   (현) KR & PARTNERS 대표
              (전) BAIN & COMPANY 컨설턴트

흔히들 M&A를 회계, 금융 그리고 법의 영역이라 생각한다. 그러나 나는 M&A 현장에서 수많은 케이스를 접하면서 그 중심에 '인간적'인 결합이 있다는 것을 절실히 느낀다. M&A란 단순히 매매 계약서 작성만으로 끝나는 문제가 아니라, 서로 다른 두 조직이 만나 새로운 미래를 함께 만들어가는 공동 작업이기 때문이다. 결국에는 직접 일을 추진하는 사람의 신념과 역량이 M&A의 성패를 결정하게 된다. 그래서 나는 M&A란 인간에 대한 깊은 통찰이 반드시 수반되어야 하는 일이라고 늘 생각해왔다.

김정열 저자는 지난 30여 년간 한국 M&A의 다양한 현장에서 수많은 경험을 쌓아 왔다. 그의 발자취는 곧 한국 M&A의 역사 그 자체라고 할 수 있다. M&A의 본질을 제대로 이야기하는 사람은 참 드문데, 이 책의 저자는 그 본질을 세 가지 질문으로 명쾌하게 꿰뚫는다. "왜 이 회사를 사야/팔아야 하는가?", "M&A 이후 어떤 시너지를 창출할 수 있는가?", "M&A 거래 이후, 조직의 인력들은 어떤 비전을 실현할 것인가?" 내가 생각하는 M&A의 목표는 결국 김정열 저자가 말하는 좋은 거래의 조건과도 같다. 거래의 성과가 조직과 그 조직을 구성하는 사람의 성장과 더불어 더 나아가 사회의 발전으로 이어지는 것이야말로 진정한 M&A의 성공이라 할 것이다.

또한, 이 책은 M&A를 유기적으로 연결된 하나의 프로젝트로 정의하고, 각각의 프로젝트 단계에서 전문가들이 놓치기 쉬운 큰 그림을 제시해 준다. M&A는 학문적으로도 전략, 재무, 조직행동론이 교차하는 복합적인 영역인데, 이 책은 김정열 저자의 오랜 M&A 경험에서 얻은 통찰을 누구나 이해할 수 있도록 체계적인 틀로 정리한 결과물로서 M&A 실무자들에게 이 책은 M&A의 전체적인 빅 픽처를 보여줄 것이다.

더 많은 젊은 M&A 실무자들이 이 책을 통해 M&A 현장의 지혜를 배우고, 사람을 이해하고, 사랑할 줄 아는 인재로 성장하기를 진심으로 바란다.

그리고 그것이 한국 M&A 시장을 한 단계 더 성숙시키는 귀중한 초석이 될 것이라 믿는다.

강희주
(현) 법무법인(유) 광장 M&A 전문 변호사
(전) 한국증권법학회 회장

M&A 실전 노하우와 통찰을 담은 필독서, 『나도 최고의 M&A 전문가가 될 수 있다』

M&A(인수 합병)는 기업의 운명과 미래를 결정짓는 중대한 경영 전략입니다. 하지만 이 분야는 매우 복잡하고 전문적인 영역으로서 일반인은 물론 관련 종사자에게도 늘 어렵고 난해한 분야로 여겨져 왔습니다.

이런 현실 속에서 M&A 분야에 평생을 바쳐온 김정열 저자의『나도 최고의 M&A 전문가가 될 수 있다』는 M&A 분야에 종사하는 모든 이들에게 실질적인 길잡이가 되어줄 단연 돋보이는 저작입니다. 저자는 M&A 현장에서 오랫동안 쌓아온 생생한 실무 경험을 바탕으로, 딱딱한 이론이 아닌 '살아있는 노하우'와 '근본적인 통찰'을 알기 쉽게 풀어내고 있습니다.

실전과 통찰의 균형 잡힌 해설

이 책의 가장 큰 강점은 M&A의 정량적·기능적 측면과 정성적·철학적 측면을 완벽하게 아우르고 있다는 점입니다.

이 책은 M&A의 근본적인 철학(正道 M&A)을 강조하면서, 단순히 정량적인 숫자에 매몰되지 않는 본질적인 접근의 중요성을 역설합니다. 그리고,

가치 분석(Pricing)과 협상, 파이낸싱(Financing)과 관련하여 가치 평가 방법론이나 자금 조달 전략 등 M&A에 필수적인 기능적 지식을 충실하게 설명하고 있습니다.

특히, M&A 성공의 성패를 좌우하지만 간과되기 쉬운 기업 문화와 조직 통합의 문제를 제6장 PMI에서 깊이 있게 다루고 있습니다. 조직 구성원의 감정 변화에 따른 4단계 절차 등 눈에 보이지 않는 요소까지 실질적인 노하우를 제시함으로써, 한국 기업과 한국 시장의 현실을 매우 적절하게 반영했다고 평가할 수 있습니다.

전 과정에 걸친 실용적인 지침과 미래 제언

이 책은 M&A의 시작부터 마무리까지 전 단계에 걸친 전략과 노하우를 빠짐없이 담고 있습니다.

M&A 전략(제3장)에 대해서는 제한된 시간 내의 게임으로서 M&A를 정의하며, 미래를 사는 투자 관점과 '인수하고 싶은 기업과 경영할 수 있는 기업은 다르다'는 실전적 통찰을 제시합니다.

협상 전략(제4장)에 대해서는 '협상은 누가 급한가의 싸움'이라는 명제 아래, 최악의 상황을 가정한 대체안(BATNA) 마련 등 실전적인 협상 전략과 노하우를 명쾌하게 정리합니다.

자금조달(제5장)에 대해서는 전문가들을 위한 지침서가 될 수 있는 정도로 M&A 대금 지급 방법과 LBO 등 파이낸싱 리스크 관리를 포함한 핵심 전략을 간략하고 충실하게 정리하였습니다.

PMI 전략(제6장)에서는 인수 후 통합 단계(PMI)의 어려움을 구체적으로 짚어주고, 심도 있는 PMI 전략의 수립과 실행을 잘 설명하고 있고, 크로스 보더 M&A 시의 현지화 전략 등 실제 통합 과정에서 필요한 실용적인 정보를 풍부하게 제공합니다.

나아가, 제7장 한국 M&A의 미래를 위한 제언은 M&A의 세분화 및 전문화, 재무자료 표준화, LBO 확대 등 현재 한국 시장이 가장 필요로 하는 변화와 성장을 위한 구체적인 방향성을 제시하고 있습니다.

모두에게 도움이 되는 M&A 필독서

저자의 깊이 있는 실무 경험과 균형 잡힌 통찰이 집약된 이 책은 M&A 전문가, 실무 종사자는 물론, 미래 전략을 고민하는 경영자와 M&A에 관심 있는 일반인 모두에게 가장 현실적이고 도움이 되는 지침서가 될 것입니다.

M&A의 정량적 성공을 넘어 정성적 가치까지 창출하고자 하는 모든 이에게 『나도 최고의 M&A 전문가가 될 수 있다』를 강력하게 추천합니다.

김이동　　(현) KPMG Deal Advisory (M&A) 대표

점차 복잡해지고 빨리 변하는 세상속에서 M&A는 기업들의 매우 중요한 생존 전략이 되었습니다. 유연한 포트폴리오 재조정은 기업의 역량을 급격히 바꿀 수 있습니다. 이 책은 이렇게 중요한 M&A의 핵심을 담고 있는 소중한 책입니다. IMF, 인터넷 버블, 리먼 사태 등 한국경제의 주요한 사건을 모두 겪고 자문한 저자의 지혜가 녹아있습니다. 꼭 일독을 권합니다.

박기호   (현) LB 인베스트먼트 대표이사

벤처캐피탈의 관점에서 M&A는 단순한 거래가 아니라, 투자와 기업 성장의 선순환을 완성하는 중요한 과정이다. 미국과 중국 등 주요 글로벌 시장에서는 M&A가 벤처투자의 핵심 회수 수단으로 자리잡고 있지만, 한국에서는 아직 그 의미를 충분히 살리지 못하고 있다. IPO 중심의 회수 구조가 고착된 현실 속에서, 혁신 기업의 지속적인 성장을 위해서는 보다 활발하고 효율적인 M&A 시장의 형성이 절실하다.

이 책은 이러한 문제의식에 대해 실질적이고 구체적인 통찰을 제시한다. M&A를 법률이나 회계 중심의 절차로 한정하지 않고, 전략·조직·재무가 긴밀히 맞물린 하나의 통합적 프로젝트로 바라보게 만든다. 저자는 전문적 이론과 현장에서 축적한 폭넓은 경험을 바탕으로, 실무에서 바로 적용할 수 있는 이론과 사례를 균형 있게 제시하고 있다. 그만큼 이 책은 M&A 실무자뿐 아니라 투자자들에게도 탁월한 실무 가이드가 될 것이다.

한국 벤처 생태계가 한 단계 더 성장하기 위해서는 성공적인 M&A 사례의 축적과 시장 인프라의 성숙이 필수적이다. 그런 점에서 이 책은 M&A를 통해 기업과 산업의 성장 경로를 새롭게 조망하게 하는 의미 있는 저서이며, 미래를 설계하는 스타트업과 벤처캐피탈리스트들에게도 적극 추천한다.

차례

추천사　　　　　　　　　　　　　　　　　　　　5

1장　PREFACE　　　　21

2장　INTRODUCTION

01	M&A란 무엇인가	26
02	M&A 공부는 왜 어려울까	33
03	한국 M&A의 역사	38
04	월가에 흔들리는 한국 M&A	43
05	근본적 철학의 필요성(正道의 M&A)	48
06	FI보다 SI가 M&A 본질에 가깝다	53

3장 M&A 전략

01	M&A는 제한된 시간 내의 게임이다	58
02	M&A 팀은 반드시 경험 있는 전문가로 구성되어야 한다	61
03	M&A는 WIN-WIN 그리고 WIN	66
04	기업 경영에서 M&A의 필요성	69
05	M&A는 미래를 사는 것이다	75
06	인수하고 싶은 기업과 경영할 수 있는 기업은 다르다	78
07	기업과 부동산은 다르다	82
08	트랜잭션 석세스와 딜 석세스	86
09	일반적인 M&A 프로세스	90
10	M&A 대상 기업 선정의 기준	99
11	M&A 목표가 명확해야 한다	105
12	우리 기업의 역량을 먼저 분석하자	108
13	큰 꿈을 가지고 작은 기업을 사라(Think big, Buy small)	114
14	동종 업계 인수가 유리하다	117
15	인수 대상 기업이 속한 산업을 먼저 분석하자	121
16	대상 기업 실사 시 체크 사항	128
17	성공적 전략 사례 연구	138

4장 가치 분석과 협상

01	가치 평가가 아닌 가치 분석이다	145
02	주요 가치 분석 방법	147
03	회사의 최종 가치는 협상에 의해 결정된다	158
04	협상의 기본 요소	160
05	협상은 누가 급한가의 싸움이다	164
06	진정 원하는 바와 약점을 파악해라	168
07	최악의 상황을 가정하고 대체안을 마련하라	174
08	협상은 51:49의 게임이다	178
09	협상이 되는 딜과 안 되는 딜을 구분해라	181
10	시간에 따른 매수자와 매도자의 입장 변화	187

5장 파이낸싱(Financing)

01	파이낸싱의 의의와 필요성	194
02	M&A 대금 지급 방법	200
03	파이낸싱 리스크와 관리	206
04	LBO	210

6장 PMI

01	PMI의 개념과 중요성	220
02	PMI 시 고려해야 할 사항	224
03	조직 문화와 프로세스 통합의 어려움	229
04	조직 구성원 감정 변화에 따른 PMI의 4단계 절차	235
05	크로스보더 PMI, 현지화가 답이다	240
06	사례 연구	243

7장 한국 M&A의 미래를 위한 제언

01	M&A 과정별 세분화 및 전문화	251
02	신속하고 투명한 M&A를 위한 재무 자료 표준화의 필요성	253
03	M&A 금융 기법으로서 LBO 확대 필요성	255
04	크로스보더 M&A 확대의 필요성	257
05	훌륭한 M&A 딜 메이커 양성의 필요성	261

"21세기의 우리는 제3의 산업혁명을 M&A를 통해 이루고 있다"라고 하버드 경영대학원(Harvard Business School)의 마이클 젠슨(Michael Jensen) 교수는 언급한 바 있다.

즉 M&A는 글로벌 경제 체제 속에서 기업의 성장 전략으로 필연적인 수단으로 등장하기 시작했고, 대기업과 중견 기업들의 FCF(Free Cash Flow) 증가는 더욱더 그 수요와 욕구를 증폭시키고 있는 현실이다.

우리나라에 M&A가 도입되기 시작한 지 30여 년이 지난 지금, 흘러간 한국 M&A의 발자취를 돌아보고 앞으로 전개될 미래를 모색해 보고자 한다. 한국 M&A 초기부터 지금까지 직접 관여해 온 경험자로서 그 경험을 토대로 본 서적을 저술하고자 한다.

그동안 국내에서 발간된 대다수의 M&A 관련 도서는 실무와는 약간 동떨어진 이론적인 접근과 설명 위주로 이루어졌거나 법률과 회계 등 세부적인 내용의 정리 위주로 출간된 게 많음을 알 수 있을 것이다.

그러나 필자는 그동안 수많은 실무와 강의를 통해서 많은 M&A 종사자가 한국의 M&A 현실에서 갈증을 느끼고 있음을 확인하였다. 이에 실무적으로 활용도가 높은 M&A 전문 도서가 필요하다고 판단해 이 책을 집필하게 되었다. M&A에 직접 관여하는 실무자는 물론 M&A를 처음 접하고 체계화된 정리를 필요로 하는 금융 기관, 기업의 전략 기획실 등 기타 공부를 하고자 하는 모든 분께 이 책이 유용한 지침서가 되기를 바란다.

본 서적은 M&A의 기본 개념을 이해하고 있는 분을 대상으로 작성되었다. M&A는 기본 성격이 이론이 아닌 실무이기에 심오한 이론서가 아닌 실무 중심의 안내서로서 자리매김하고자 한다. 본 도서는 필자가 과거 30여 년간 실무와 강의에서 얻은 경험과 그간 강의한 자료를 중심으로 집필하였다.

향후 우리나라의 M&A는 보다 성숙한 발전 단계로 나아가면서 지속적으로 확대될 것이기에, 법정 관리나 기업 회생 등의 퍼블릭 딜(Public Deal)보다는 500억 원 전후 규모의 프라이빗 딜(Private Deal)이 두드러지고 있어 더더욱 이 도서가 유용하리라 본다.

한편으로 세상에 정보가 많아지고 기술이 발달하면서, 새로운 정보는 어쩌면 나보다도 이 책을 읽는 젊은 독자들이 기술 친화적으로 더 빠르게 찾을 수 있다고 생각한다. 다만, 내가 전달하고자 하는 것은 실무 경험에서 쌓인 M&A를 바라보는 시각이다. 본 도서로 M&A에 대한 큰 흐름과 관점을 잡고, 새로운 정보를 찾아보며 세부 지식에 대한 살을 붙여나가기를 바란다.

본 도서에서는 독자의 이해를 돕기 위해 크게 네 가지 주제로 M&A의 중요한 사항을 언급하고자 한다.

1) M&A의 전략 수립 (Strategy)
2) 가치 분석과 협상 (Price Analysis & Negotiation)
3) M&A의 자금 조달 (Financing)
4) 인수 후 통합 (Post-Merger Integration, PMI)

이 네 가지 주제는 필자가 30년간 M&A 실무를 통해 체득한 가장 중요한 핵심 요소들이다. 필자는 본서를 통해 제대로 된 M&A가 이루어져 한국 M&A 시장이 한층 성장하기를 기대하는 마음으로 이 책을 펴낸다.

본서에 담긴 내용들은 필자의 경험에 기반한 주관적 견해임을 미리 밝히며, 특히 이 책이 나오기까지 격려와 협조를 아끼지 않은 RB GROUP 임직원들과 실무 업무에 많은 조언을 해준 RB EQUITY PARTNERS(주)의 김기우 이사에게 깊은 고마움을 전하고자 한다.

2장

INTRODUCTION

01
M&A란 무엇인가

　M&A란 'Mergers and Acquisitions'의 약자로, 기업의 인수 합병을 의미한다. 순서대로 읽으면 '합병 인수'인데 우리나라는 '인수 합병'이라고 부른다. 아마도 인수가 합병의 전 단계로 인식되는 경우가 많아 논리적인 순서를 따라 그렇게 칭한 것이 아닐까 싶다.

　사실 이 책을 펼쳐볼 정도의 독자라면 생소한 단어는 아니리라 생각한다. 다만, 어떤 분야를 깊이 있게 알기 위해서는 무엇이든 정의와 개념을 명확하게 아는 것이 중요하다. 가령 블록체인에 기반한 코인을 재테크의 수단 정도로만 아는 사람과, 블록체인 기술의 전체적인 맥락에서 코인이 어떠한 위치를 차지하는지부터 인지하고 있는 사람의 이해도와 개념의 활용 역량은 크게 차이가 날 것이다.

본 도서는 뿌리를 단단하게 하여 이후 성장에 기반이 되는 것을 목표로 하는 만큼 되도록 본질에 가까운 이야기부터 다루고자 한다.

- 인수(Acquisition): 한 회사가 다른 회사의 주식을 확보하여 경영권을 획득하는 것이다.
- 합병(Merger): 두 회사가 결합하여 하나의 새로운 회사를 형성하는 것이다.

'인수 합병'은 주식 확보를 통해 대상 기업의 경영권을 확보하는 '기업 인수'와 다수 기업이 합쳐서 하나가 되는 '기업 합병'이 융합된 개념이다. 또한 이는 경영 전략 중 하나로 인수 기업이 대상 기업의 지배력을 확보하는 행위로 규정할 수 있다. 통상 대상 기업의 주식을 취득하는 방식으로 진행된다. 다만, 대상 기업에 대한 영향력을 넘어 지배력의 획득을 목표로 하기 때문에 우리가 일반적으로 하는 주식 거래와는 그 규모와 절차가 매우 상이하다.

흔히 회사의 주인을 '사장님'으로 생각할 수 있지만, 사실은 '주주'가 (주식)회사의 주인이라 할 수 있다. '주주'란 주식을 가지고 있는 개인이나 법인을 뜻한다. 그리고 '주식'은 기업의 소유권을 나타내는 증권이다. 주주의 권리는 크게 두 가지로 볼 수 있다.

- 의결권: 기업의 방향성 및 경영진의 선임 등 경영 전반의 사항에 대해 의결(투표)할 수 있는 권리.
- 이익 배당권: 기업의 활동으로 획득한 이익에 대하여 분배받을 수 있는 권리.

이 권리들은 주식을 얼마나 가지고 있느냐에 따라 행사할 수 있는 수준이나 범위가 달라진다. 단순화해서 말하자면, 총 100개의 주식을 발행한 회사에서 A가 50, B가 30, C가 20을 가지고 있고 이 회사에서 1,000만 원의 수익이 발생했다면, 가지고 있는 주식의 비율 수에 따라 A가 500만 원, B가 300만 원, C가 200만 원을 가지게 되는 것이다.

의결권의 행사도 이와 비슷한데, 말하자면 A가 전체의 50%의 표를 가지고 있는 것과 같다. 기업의 의사 결정은 주주 총회를 통해서 진행되는데, 사안의 중요성에 따라 보통 결의와 특별 결의로 나뉜다. 의사 결정의 중요도에 따라 어느 정도의 재석 수와 동의가 필요한지 상법에 기재되어 있다.

정리하자면, '인수 합병'은 인수 기업이 영향력을 넘어 지배력을 행사할 수 있을 정도로 대상 기업의 주식을 취득하여, 대상 기업의 의사 결정을 지휘하고 대상 기업의 수익에 대한 분배권을 가지게 되는 것을 말한다.

- 인수 기업: M&A에서 인수하는 측에 있는 기업
- 대상 기업: M&A의 대상(목적물)이 되는 기업

한편으로 인수 기업에 있어서 M&A는 일종의 '투자'로 정의할 수 있다. 생산 설비를 확충하거나, R&D를 지원하거나, 새로운 인력을 뽑는 것처럼, 기업의 자금을 활용하여 미래의 이익을 창출하기 위해 투자하는 것이다. 그렇기 때문에 투자 대비 수익률을 고려하는 것이 중요하다.

M&A의 목적

앞서 말했듯, M&A는 미래에 대한 투자다. 그러니 M&A는 미래에 더 큰 수익을 실현하는 것을 목표로 하는 것이다. 이를 조금 더 전략적인 관점에서 구체화해 보자면 아래와 같다.

1. 시장 점유율 확대

M&A를 통해 기업은 기존의 경쟁사나 시장에 진입하기 시작한 기업을 인수하여 시장 점유율을 확대할 수 있다. 일반적 기업 활동을 통해서는 상대적으로 천천히 점유율이 늘어나는 것에 비해, M&A를 통해 이미 시장에 있는 기업을 인수하면 단숨에 점유율을 끌어올릴 수 있다.

점유율이 늘어나면 시장 내 영향력 또한 확대된다. 가령, 이전에는 경쟁사와의 경쟁 구도 때문에 소비자에게 할인을 많이 했다면, 앞으로는 그럴 필요가 줄어드는 것이다. 나아가 독점 혹은 과점적 위치에 이르게 된다면 제품의 가격을 올려서 이익을 극대화할 수 있다. 이를 위한 M&A의 최근 예시는 배달앱 요기요와 배달통을 운영하는 기업 '딜리버리히어로(DH)'가 배달의 민족을 인수한 사례를 들 수 있다. (다만, 공정위는 경쟁 제한을 우려하여 딜리버리히어로가 요기요를 제삼자에게 매각하는 조건으로 기업 결합을 승인하였다.)

2. 규모의 경제 실현

M&A를 통해 기업이 생산하는 재화나 서비스의 양이 늘어나게 되면, 규모의 경제를 실현하여 운영의 효율성을 높이고 비용을 절감할 수 있다. 규모의 경제란 생산 규모가 커지면서 재화나 서비스 단위당 생산 가격이 낮아지는 현상을 말한다. 사무실 임차료, 설비, 인건비와 같은 고정 비용은 생산량이 늘어나는 것에 비례하여 늘어나지 않는 경우가 많고, 늘어난 생산량에 따라 거래 관계에 있는 대상과의 협상력도 향상하여 낮은 비용에 원료를 조달할 수 있는 점 등에 기인한다.

M&A에 적용하여 보다 쉽게 설명하자면, 아이스크림 가게를 운영하던 기업이 과자 가게를 운영하는 기업을 인수하여 하나의 가게에서 아이스크림도 팔고 과자도 팔게 되면, 두 명의 점원으로 운영되던 가게를 한 명의 점원이 운영할 수 있게 되는 것이다.

이렇게 규모의 경제 실현으로 절감된 금액은 소비자에게 돌려줄 수 있다. 더 합리적인 비용으로 재화나 서비스를 제공하면서 재화 매력도를 강화하며 판매량을 늘릴 수도 있고, 만일 가격을 굳이 내릴 필요가 없다면 비용을 절감한 만큼 회사에는 이득이 된다.

3. 신규 시장 진출

  M&A는 기업이 신규 시장에 빠르게 진출할 수 있는 효과적인 방법이기도 하다. 기업에서 하나의 신규 사업을 백지부터 시작하려면 많은 시간과 공수가 들어간다. M&A를 활용하면 이미 그런 과정을 거쳐서 시장에서 자리 잡은 기업을 인수하여, 더 적은 시간을 들여서 빠르게 시장에 진출할 수 있다.

  특히 해외 시장을 겨냥하여 제품을 만들 때는 관세나 해당 나라의 법률 및 이해관계에 따라 시장 개척을 위해 현지 회사를 인수하는 경우가 있다.

4. 핵심 기술 & 자산 확보

  기술이나 특허, 지적 재산을 확보하기 위해 M&A를 하기도 한다. 가령 한 스타트업이 R&D를 통해 신기술을 개발했을 때, 이를 인수하면 기술 격차를 단기간에 해소하고 사업화까지의 시간을 단축할 수 있다. 때때로 지적 재산은 대체 불가하여 한 사업군의 실질적인 독점권 혹은 과점권을 가지는 것과 비슷하게 여겨질 수도 있어, 산업 진출을 위해 해당 지적 재산을 가진 기업을 사야 하는 상황이 발생하기도 한다.

5. 사업 다각화

하나의 기업이 이종 산업에 진출하는 것은 매우 어려운 일이다. 그러나 이종 산업 진출에 성공할 경우 또 다른 성장 동력을 얻을 수 있으며, 하나의 산업에 위기가 오더라도 또 다른 산업은 그 피해를 보지 않기에 기업의 안정성에 기여하기도 한다. 가령 경기에 민감한 산업에 속한 기업들은 그렇지 않은 사업을 함께 운영하며 안정성을 도모할 수 있다. 주식으로 치면 '포트폴리오'를 짜두는 것과 비슷한 것이다.

한편 미국의 Mavs Bosc&Philippe Gallice 컨설팅 회사의 최근 조사에 의하면, 미국 기업 M&A의 동기는 다음과 같이 조사되었다. (복수 응답 가능)

Motives	Percentage of Cases (%)
Market Share (시장 점유율의 확대)	59
Growth (기업의 성장)	38
Distribution (유통망 확보)	24
Technology (기술력 확보)	16
Brand (브랜드 확보)	14

02
M&A 공부는 왜 어려울까

내가 한국에서 M&A 세미나를 최초로 시작한 것은 1995년도이다. 그때 한국에는 M&A에 대해서 제대로 배울 수 있는 기관들이 없어서 많은 인기가 있었다.

그런데 30년이 지난 지금에도 주변 후배들을 보면, M&A에 대해 공부하는 것에 어려움을 느끼고 있는 것으로 보인다. 또한 M&A에 대한 정보는 폐쇄적이기 때문에 비대칭성이 많이 발생한다. M&A가 더 대중화되었으면 좋겠다고 생각하는 1세대 딜 메이커로서 이에 대한 고민을 해보았다.

어려운 이유

가장 먼저 떠오른 것은 M&A는 알아야 할 범위가 넓다는 것이다. M&A는 종합 예술이며, 자본주의의 꽃이라고 불린다. 하나의 분야만 알아서 바로 실행할 수 있는 것이 아니다. 회사의 영업 활동과 산업 비전을 이해하는 기업가적인 시각을 지니는 동시에, 재무와 법률과 같은 '페이퍼 스페셜리스트(Paper Specialist)'로서의 전문성도 일부 갖추어야 한다. 더 나아가, 정치와 사회의 변화 흐름도 읽을 줄 알아야 한다. 그 때문에 제대로 M&A를 이해하고 실무적으로 진행할 수 있을 정도가 되기까지는 적지 않은 시간이 필요하다.

두 번째는 한국에서는 제대로 M&A를 알려주는 스마트한 접근법이 없다는 것이다. 미국에는 M&A를 제대로 배울 수 있는 경로들이 많다. 1~2주에 10,000불 정도로 비용이 비싸지만, 골드만삭스나 모건스탠리 같은 세계적 IB 실무자들이 직접 노하우를 알려주는 유익한 강좌들이 활발히 운영되고 있다.

여러 이유가 있겠지만 이는 한국 사람의 M&A 경험치가 미국에 비해 낮은 데에서 기인하는 것 같다. 우리나라가 본격적으로 M&A를 접한 지 30년이 다 되어 가지만, 아직도 국내의 대규모 딜은 모두 해외 IB들이 싹쓸이하다시피 하고 있다. 자국의 M&A도 해외 업체들이 하는 실정이니 한국인들이 M&A 기회를 쌓을 기회가 없고, 이는 다음 세대 교육을 부진하게 만드는 고리가 되지 않나 하는 생각이 든다.

세 번째는 M&A에 대한 부정적 시각 때문이다. 나는 어디 가서 내가 M&A를 한다고 먼저 이야기하지 않는다. 과거에 몇 번 말했다가 상대방으로부터 "아, 검은돈 운영해 주시는군요." 혹은 "아 그거, 한탕 해 먹는 거."와 같은 뉘앙스의 말들을 많이 들었기 때문이다. 우리나라 M&A는 역사가 상대적으로 짧고, 제도화가 완전히 이루어지지 않아 많은 딜이 회색 지대에서 진행되던 시절이 있었다. 그래도 요즘에는 M&A가 점점 양성화되면서 이러한 인식도 점점 나아지고 있는 것으로 보여 다행이다.

이러한 실정이다 보니, 우리나라에서 M&A 공부를 하려고 해도 양질의 교육이나 자료가 부족한 것이 현실이다. 시중의 정보들을 찾아봐도 각 분야의 전문가가 해당 분야의 시각으로 M&A를 바라본 것들은 있어도 이를 통합적으로 소개하고 알려주는 정보는 찾기가 어려운 상황이다.

뒤에서 또 한 번 언급하겠지만, 우리나라의 M&A는 회계법인이 상당한 비중을 차지하고 있다. 물론 회계와 재무 지식은 기업과 M&A를 이해하는 데에 기본이 된다. 다만 앞서 말했듯 M&A는 종합 예술에 가까운 통합적 시각을 길러야 함에도, 페이퍼 스페셜리스트의 시각에서 비추어지는 요소들에만 집중하게 되는 현 상황에는 아쉬움이 크게 남는다.

공부하는 방법

이러한 상황에서 M&A를 공부하고자 한다면, 통합적 시각을 기르는 것을 최종 목표로 잡고 나머지는 그를 위한 부수적 목표로 설정해야 한다. 이에 내가 생각하는 공부의 항목을 적어보았다.

먼저, 기업을 이해하는 데에 기본이 되는 재무에 대한 이해를 길러야 한다. 회계 전문가 수준까지는 필요 없지만, 스스로 기업의 재무상태를 분석하고, 전문가들과 소통하며, 필요시 업무의 범위를 산정하고 지시를 내릴 수 있을 정도는 되어야 한다. 아울러 서적을 볼 때는 회계의 경우 우리나라 서적으로도 충분하지만, M&A 전반에 대한 서적은 미국 원서를 살펴보는 것을 추천한다.

다음으로 기업가로서의 시각을 길러야 한다. 창업을 직접 해보면 좋겠지만, 그렇지 못하더라도 저 기업이 산업 내에서 어떠한 상황에 놓여 있으며 경영진은 왜 저러한 판단을 내렸는지에 대해 논리적으로 설명할 수 있어야 한다.

그다음은 커뮤니케이션이다. 논리를 기반으로 합리적으로 판단하는 것과 그것을 다른 사람에게 설명하는 것은 전혀 다른 일이다. 앞의 두 가지가 명확한 판단을 내리기 위한 능력이었다면, 커뮤니케이션은 그러한 판단을 사람들에게 납득시키기 위한 능력이다. 협상도 이에 포함된다. M&A는 기업을 사는 일이고 기업의 핵심은 사람이다. 그리고 M&A 딜에 참여하는 이해 관계자도 모두 사람이다. 이러한 커뮤니케이션 능력까지 갖추어야 성공적으로 M&A의 본질에 다가갈 수 있다.

    뿌리를 잘 내리면 열매가 붙는 것은 금방이다. 어떤 영역이든 마찬가지겠지만, 열매부터 보려고 하는 우를 범하지 않기를 바란다. 개인적으로 M&A 전문가는 30대 후반에서 40대가 전성기라고 생각한다. 많은 경험과 지혜가 쌓여서 논리적 판단의 기반이 마련되고, 그에 더해 커뮤니케이션 역량까지 더해져야 비로소 완성된 전문가가 탄생하는 것이다.

03
한국 M&A의 역사

글로벌 시장, 특히 미국에서는 오래전부터 M&A가 활발하게 이루어져 왔다. 그러나 우리나라에서 M&A가 본격적으로 자리 잡기 시작한 것은 비교적 최근의 일이다. 우리가 현재 어디까지 와 있는지 알아보기 위해 내가 기억하는 시절부터 한국 M&A 역사에 대한 이야기를 해보고자 한다.

M&A 1기 (1990년 ~ 1999년: 초창기)

1990년대 초반부터 우리나라에서도 M&A가 천천히 활성화되기 시작했다. 그때부터 IMF 경제 위기가 오기 전까지를 나는 우리나라 M&A 1기로 정의하고 싶다. 이때의 특징은 부동산처럼 기업을 사고팔았다는 것이다.

당시에는 자료도 없고, 나도 외국 서적을 위주로 찾아보던 때다. 기자들은 M&A를 연결해 주는 사람들을 '기업 복덕방'이라고 불렀다. 그 말에 담겨 있듯, 이때의 M&A는 부동산 거래와 같이 취급되었다. 신문에 매도를 희망하는 기업들이 부동산 매물처럼 소개됐고, 또 한편에는 매수를 희망하는 기업들의 리스트가 있었다.

당시에는 지금과 같은 정교하고 체계적인 절차가 없었다. 과장하자면 '너네 돈 잘 버니? 얼마에 팔래?'와 같은 수순으로 협의가 되었다. 인수도 그 회사의 미래 가치가 아니라 현재의 가치, 그중에서도 자산 가치에 기반하여 거래되는 일이 다반사였다. 부동산과 비슷하게 취급되면서 회사가 거래되었다.

체계가 확립되지 않았고, 인프라가 없었기 때문에 사기도 빈번했다. 가령 거래 시에는 몰랐던 문방구 어음 몇백억이 인수 후에 발견된 적도 있었다. 계약 조항도 부실했고, 심지어는 재무제표도 분식인 경우가 많았다. 사실 개인적으로는 이런 부실한 인프라 위에 쌓인 엉성한 사항들이 IMF를 불러온 원인 중 하나였다고 생각한다.

나는 당시 남대문 상공회의소 건물에서 1995년에 〈실전 M&A 워크샵〉이라는 세미나를 국내 최초로 열었다. 전문적인 내용을 다룬다기보다는 개념에 대한 개괄과 소개를 하는 차원에서였다. 당시 300여 명이 세미나에 참여했던 것으로 기억한다.

M&A 2기(2000년 ~ 2008년: 적응기)

IMF 사태부터 2008년 금융 위기가 있기 전까지를 나는 국내 M&A 2기라고 정의한다. IMF 사태는 우리 경제에 치명적인 위기를 가져왔고, 그와 함께 M&A 시장에서도 근본적인 변화가 시작되었다. IMF의 요구에 따라 M&A 관련 법률이 신설되면서 당시 선진국 수준의 M&A 기틀을 만드는 첫걸음을 내디딘 한편, 외국 자본이 들어오면서 시장구조 자체가 달라졌다.

기업들은 생존을 위해 구조 조정을 단행해야 했고, 이는 M&A의 활성화로 이어졌다. 글로벌 펀드와 IB가 한국 기업 인수에 나섰고, 그 과정에서 서구의 정통 M&A 방식이 국내로 들어왔다. 부동산 거래처럼 다뤄지던 시장이 이제는 실사, 가치 분석, 계약, 협상 등 다양한 방면에서 체계화되었다. 자연히 회계사의 감사도 투명해지고 은행도 대출 실행 과정에서 더 꼼꼼하게 심사를 하는 등 전반적인 인프라도 개선되었다.

M&A 시장이 활성화되면서, 한편으로는 이를 악용하는 사례도 등장했다. 일부 관련자들은 M&A를 빙자한 주가 조작이나 불법 거래를

시도하기도 했다. 기업 인수를 명목으로 주식을 매집한 뒤 주가를 조작해 차익을 실현하는 사례가 늘어났다. 이른바 '머니 게임'의 시작이었다.

1999년에 미국에서 돌아온 나는 한국경제신문에서 M&A 강좌를 시작했다. 아마 국내에서 최초로 시도된 M&A 강의가 아니었나 생각된다. 그 후에 매일경제신문에서 수년간 M&A 강좌를 이어갔고, 많은 수강생에게 M&A 교육을 지속적으로 제공하던 시기였다.

M&A 3기(2009 ~ 현재까지: 성숙기)

2008년 금융 위기가 끝날 무렵부터 지금까지를 나는 국내 M&A 3기라고 정의한다.

큰 변화는 사모 펀드가 M&A 영역에서의 영향력이 확대되었다는 것이다. 이전까지는 기업이 자본을 가지고 전문가가 딜을 도와주는 형태였다면, 사모 펀드는 자본이 직접 딜을 실행하는 형태였다. 또한 외부 자문사나 투자 은행에 많이 의존하던 기업들이 이제는 자체적인 M&A 팀을 구성하기 시작했다.

IMF 이후 20년간 국내 기업의 구조 조정과 성장 전략으로 M&A의 필요성이 크게 대두되었고, 시간이 지나오면서 M&A의 제반 법규 및 제도는 주요 선진국과 거의 유사하게 변경되었다. 현장의 경험으로 미루어 볼 때 이해도와 숙련도 측면에서 아쉬움이 남는 부분이 있지만, 개인적으로는 내가 M&A 1기 시절부터 추구했던 정통 M&A의 방향으로 시장이 발전해 가고 있다는 생각이 든다.

04
월가에 흔들리는 한국 M&A

"이번 딜을 통해서 미국은 돈을 많이 벌고, 새로운 사업 기회도 찾았습니다. 그 딜을 담당한 저도 상당한 보너스를 받을 예정이고 회사가 카리브해로 휴가도 한 달이나 보내준다고 합니다. 그런데, 한국은 더 이상 이런 식으로 딜을 하면 안 됩니다. 더 이상 해외 자본에 이용당하면 안 됩니다."

IMF 시기, 나의 딜 상대방이었던 그는 미국 교포였다. 그의 아버지는 미국에서 이민자로서 힘든 노동을 감내하며 그를 어렵게 키우

셨다. 그는 미국에서 태어나고 살아왔지만, 아버지로부터 항상 "한국을 잊어서는 안 된다"는 가르침을 들으며 자라왔다고 한다.

나는 그 말을 듣고 병찐 기분이 들었다. 그때부터 나는 한국의 M&A 시장의 대승적 성장에 대해서 관심을 가지게 되었다.

우리나라 M&A의 태생적 한계

우리나라는 IMF 때 M&A 시장이 강제적으로 열리게 되었다. IMF의 요구는 재벌을 해체하라는 것과 M&A 법규를 선진국 수준으로 맞추라는 것이었는데, 당시 우리나라 상황에서는 재벌을 해체할 수 있는 처지가 못 되었다. 그래서 기업은 구조조정본부를 두어서 스스로 개편을 진행하게 하고, 대신에 임시 국회(1998년 2월 14일 임시 국회)를 열어서 M&A 법률을 빠르게 통과시키게 되었다.

세계의 법체계는 크게 두 가지로 나눌 수 있다. 하나는 유럽 대륙에서 발전한 '대륙법'이고, 다른 하나는 영국에서 시작된 '관습법'이다. 대륙법은 로마법에서 시작되었고 법전에 법을 모두 기록해 둔다. 무엇이 합법이고 무엇이 불법인지 명확하게 써놓은 것이다. 우리나라를 포함해 유럽과 아시아의 많은 나라가 이 체계를 따른다. 반면 관습법은 영미권에서 발달했다. 이는 법원의 판결이 쌓여서 법이 되는 방식이다. 비슷한 사건들을 계속 판결하면서 좋은 해결책을 법으로 만들어가는 것이다. 영국과 미국 같은 영어권 국가들이 주로 이 체계를 사용한다.

우리나라는 대륙법을 기준으로 운영하고 있었는데, M&A 관련법은 관습법에 의해 제정된 것이 많았다. 그래서 대륙법 체제에 관습법을 끼워 넣으려고 하니, 결국 '특별법'의 형태로 끼워 넣게 되었다. 그리고 그 괴리가 일종의 약점이 되어 왔다.

외국 자본에 휘둘리는 우리나라

법의 미결성과는 별개로, 우리나라는 월가의 전문가들에 비해 경험이 너무 없었다. 그 결과 각종 금융적 공격과 치밀한 협상에서 큰 손실을 보아 왔다. 그에 관한 대표적 사례는 아래와 같다.

IMF 시절 정부는 부실 금융기관을 정리하고 외국 자본을 끌어들여 금융 시스템을 살리려 했다. 그 과정에서 외환은행이 매각되었고, 2003년 미국의 사모펀드 론스타가 1조 3천억 원에 외환은행을 사들였다. 마치 부동산 경매에서 싼값에 매물을 낙찰받는 것처럼, 론스타는 외환은행의 지분 51%를 확보하며 경영권을 가져갔다.

론스타는 외환은행을 인수한 뒤 대대적인 구조 조정을 진행했다. 부실한 자산을 정리하고 은행을 정상화했다. 하지만 이후의 행보가 문제였다. 론스타는 빨리 돈을 회수하는 데만 집중했다. 높은 배당금을 받아 가고, 결국 2012년에는 외환은행을 하나금융지주에 되팔아 막대한 차익을 남겼다.

이 사건의 가장 큰 문제는 론스타가 인수할 당시, 외환은행이 실제보다 더 부실하게 평가됐다는 점이다. 정부와 금융당국이 외환은행의 가치를 지나치게 낮게 평가했다는 비판이 일었다. 결과적으로 론스타는 약 4조 6,000억 원이라는 어마어마한 수익을 올렸다.

론스타의 경영 방식도 문제였다. 은행을 장기적으로 키우기보다는 빨리 돈을 벌어 빠져나가는 데만 관심이 있었다. 자산을 팔아치우고 비용을 줄이는 데만 집중했다. 이런 방식은 은행의 미래 성장 가능성을 해칠 수 있다는 비판을 받았다. 이런 해외 펀드들의 무차별 M&A는 어떠한 경우에도 향후 결코 용인될 수 없는 것이다.

한국에서도 본격적으로 M&A를 시작한 지 30년 가까이 되어 가지만, 아직도 우리나라에는 M&A 사대주의가 있다. 요즘에는 그래도 한국 IB(Investment Bank)에 의한 M&A가 활발하게 일어나고 있지만 대규모 딜은 여전히 해외 IB들이 싹쓸이하다시피 하고 있다.

IMF 외환위기 이후 자본시장이 개방되면서 외국계 IB들이 대형 딜을 주도하게 되었다. 이들이 초기부터 거래를 성사하며 시장의 표준을 만들다 보니, 대규모 M&A를 진행할 때면 자연스레 외국계를 찾게 되는 악순환이 이어지고 있다.

이러한 의존은 국부 유출과 기업 기밀 유출의 우려가 있다.

먼저 대형 딜이 성사될 때마다 높은 자문료와 성공 수수료가 해외로 빠져나가고 있다. M&A 성공 보수는 보통 딜 규모의 3~5% 정도 되는데, 대규모 딜의 경우 이는 무시하지 못할 액수이다. 우리나라 자본 시장에서 발생한 수익이 고스란히 외국계 금융사의 몫이 되는 것이다.

더 큰 문제는 기업의 핵심 정보가 외부로 새어 나갈 수 있다는 점이다. M&A 실사 과정에서는 기업의 기밀까지 낱낱이 들여다봐야 한다. 재무는 물론이고 기술력, 운영 전략, R&D 현황까지 모든 것을 파악해야 하는데, 이 과정을 외국계가 주도하다 보니 우리 기업의 민감한 정보가 고스란히 노출되는 셈이다.

특히 반도체나 통신, 방산 분야는 더욱 우려스럽다. 국가 안보와 직결된 산업의 정보가 외국계 손에 들어가면 어떻게 활용될지 모를 일이다. 경쟁국에서 이 정보를 악용할 가능성도 배제할 수 없는 노릇이다.

결국 답은 우리 스스로 M&A 전문가를 키우는 것이다. 국내 IB들이 전문 인력을 양성하고 국제 수준의 자문 역량을 갖추어야 한다. 그래야 대형 거래에서도 우리 손으로 해낼 수 있고, 그 과정에서 발생하는 수익도 국내에서 선순환될 수 있을 것이다. 사실 이 책을 쓰게 된 이유도 바로 여기에 있다. 이 논의는 책 마지막 부분에 다시 언급할 것이다.

05
근본적 철학의 필요성
(正道의 M&A)

 본격적으로 M&A에 관한 내용을 서술하기 전에 M&A를 바라보는 나의 몇 가지 철학을 소개하고자 한다. 이는 내가 30년 넘게 M&A 시장에 있으면서 지켜온 신념이자, 여러 데이터와 경험으로 본질적 속성을 확인한 것들이다.

 M&A 공부를 시작하기에 앞서 올바른 철학을 잘 구성해 놓아야 다음 스텝으로 빠르게 넘어갈 수 있다. 수학을 배울 때 전반적인 원리와 흐름을 이해하고 접근하는 것과 공식만 암기해서 문제를 푸는 것이

다른 것과 비슷하다. 근본적인 뼈대를 잘 다져두고, 그 위에 살을 붙이는 방식이 장기적으로 훨씬 더 깊고 넓게 아는 데 도움이 된다.

또한 근본적 철학이 있어야 복잡한 상황에서 일관성을 유지할 수 있다. M&A 과정에서는 수많은 변수와 유혹이 존재한다. 가격 협상, 문화적 통합, 법적·재무적 문제 등 다양한 요소들이 변수로 작용하며 여러 이해관계가 얽혀 있다. 또한 일반적으로 1년 내로 딜을 클로징하는 것을 목표로 하다 보니 확고한 절차가 필요하다. 뿌리 깊은 본질이 없다면 단기적 이익만을 좇거나 외부의 압력으로 인해 본래 추구하던 전략적 목적과 거리가 멀어지는 결정을 하게 될 수 있다.

나는 1990년대부터 우리나라에서 M&A를 해온 1세대이다. 사실 당시에 함께 활동했던 M&A 1세대 중 30년이 지난 지금까지 꾸준히 활동을 이어오는 사람은 거의 없다. 적지 않은 사람들이 불법적인 일에 연루되어 비자발적인 은퇴를 하게 되었기 때문이다.

우스갯소리로 오랜만에 연락이 오는 후배들은 "아직도 감방 안 가셨냐"고 말하기도 하는데, 옳은 길을 걸어온 나의 모습을 높게 사주는 것 같아 조금은 뿌듯한 마음이 들기도 한다. 나는 단 한 번도 불법적인 일에 연루된 적이 없다. 회색지대의 비중이 컸던 당시의 업계 상황 및 지금에 비해 투명한 인프라를 갖추지 못했던 당시의 시대상을 고려하였을 때, 이렇게 올바른 길을 걸어온 스스로의 모습에 자부심을 느끼기도 한다.

M&A는 딜의 규모가 크다. 단번의 거래로 적게는 수십억 원에서 많게는 조 단위의 돈이 움직인다. 그만큼 유혹이 많다. 조금만 불법의

범위를 넘어가도 수익에 '0'이 하나 더 붙는다. 대표적인 유혹은 내부자 정보를 이용해 주가를 조작하여 차액을 얻는 것이다. 이러한 일들이 지속적으로 일어나다 보니 한국에서는 M&A 거래를 '돈 놓고 돈 먹는' 거래라고 비하하는 말까지 나오는 상황이다. 사안에 따라 정치계나 지하 세계와도 접점이 있는 부분도 있다.

내가 정도의 길을 걷게 된 이유

우리 아버지는 교육자셨다. 나는 아버지로부터 항상 부끄럽게 살지 말라는 이야기를 들어왔고, 그러한 영향을 받아 원래도 원칙을 지키며 살아오고 있었다. 그런데 이에 더하여 내가 M&A 업계에서 반드시 정도를 지켜야겠다고 마음먹게 된 사건이 있었다.

내가 M&A 전문가로서 활동하기 시작한 초창기의 일이다. 능력을 인정받아 규모가 큰 건을 맡게 되었는데 의도치 않게 정치권의 바람이 나에게까지 불어오는 느낌이 들었다. 정신을 바짝 차려야겠다는 생각이 들어 내가 수립해 온 철학에 기반하여 원칙적으로 딜을 진행했다. 그런데도 이후 관련 이슈가 불거져 딜에 연관되었던 사람들은 모두 조사 기관의 수사를 받게 되었다. 나도 예외는 아니었는데, 그때의 기억은 M&A를 해오며 가장 힘든 기억으로 꼽힌다.

"탈탈 털었는데, 아무것도 없네요. 앞으로도 이렇게 계속하세요."

당시 조사 기관의 담당자에게 들었던 말이다. 내가 깨끗한 방식으로 M&A에 임하고 있다는 것을 인정받은 셈이라 기분이 좋기도 하면서, 앞으로도 정도에 맞게 딜에 임해야겠다는 생각을 했다. 이는 내가 후배들이나 우리 직원들에게도 항상 강조하는 부분이다.

정도를 지켜야 하는 이유

조금 더 실질적이고 이해타산적인 관점에서 정도를 지켜야 하는 이유에 대해 이야기하자면, '신뢰'와 '평판' 때문이다. 인간 사회에서는 혼자 할 수 있는 것이 없다. 규칙과 상호 약속을 지킬 것을 보증하기 위해 법을 만들고, 문서의 형태로 약속 내용을 규정하는 계약서를 만들기도 하지만, 문서의 내용은 모든 행동의 범위를 포괄할 수 없다. 또한 의사 결정의 규모와 중요도가 커질수록 약속을 기록한 문서가 디테일해지는 것과 동시에 '개인적 신뢰'의 비중이 높아지는 것을 사회생활을 해 보았다면 경험해 보았을 것이다.

"야, 걔네랑 하지 마. 그 사람들 ××이야."

한번 신뢰를 잃으면 이런 말이 서서히 돌기 시작한다. 정도를 벗어나면 단기적인 이득은 취할 수 있을지 몰라도(그것 또한 회수당할 가능성이 크다) 그 모습을 본 다른 사람들은 당신과 무언가를 하려 하지 않을 것이다. 우리 회사는 홍보를 하는 것도 아닌데 꾸준히 고객이 찾아온다. 그리고 그들 대부분은 이전 고객 혹은 업계 관계자의 추천이나 소개로 찾아온다.

또 하나의 이유는 사회 시스템이 우리의 생각보다 강력하다는 점이다. 우리는 법의 집행과 같은 사회 시스템을 언론이나 영화 등을 보면서 간접적으로 체험한다. 사회 시스템이 제대로 돌아가고 있다는 사실은 뉴스가 되지 않고, 종종 시스템의 빈자리가 부각되는 소식이 알고리즘을 따라 퍼지며 히트 뉴스가 된다. 더군다나 사람들은 보통 부정적인 뉴스에 더 많은 관심을 보내기 마련이다. 우리가 접하는 소식이 큰 그림과 흐름을 판단하는 데 있어서 어느 정도로 영향력이 있는 요소인지에 대해 객관적으로 인식하지 못할 때가 많다는 것이다.

그러나, 내가 30년 넘게 지켜본 사회 시스템은 매우 촘촘하고 강력했다. 정도에서 벗어나 시스템과 대립하는 위치에 서게 되었을 때 한 개인은 그를 감당하기 어렵다.

또 다른 이유는 대승적 차원에서다. 정도에 기반한 M&A는 자원 배분의 효율성을 높여 개별 주체의 이익뿐 아니라 사회 전체 효용을 증대시킬 수 있다. 반대로 부정적 사례가 반복되면 시장 내 불신이 커지고, 건전한 방향으로의 사회 발전을 저해할 수 있다. 주변에 많은 기업가 및 성공한 사람들을 보면 보통 그들은 그릇이 컸다. 나만의 이익이 아니라 사회 전체의 효용까지 고려할 수 있는 그릇이 된다면, 원하는 바는 자연히 그 그릇 안에 담기지 않을까 생각한다.

06
FI보다 SI가
M&A의 본질에 가깝다

M&A의 주체로서는 크게 전략적 투자자(Strategic Investor, SI)와 재무적 투자자(Financial Investor, FI)로 분류된다. 전략적 투자자는 자사의 장기적인 성장과 전략적 목표를 달성하기 위해 M&A를 시도하는 투자자이다. 기존 사업과의 시너지를 창출하고, 시장 점유율을 확대하는 등 전통적인 M&A의 목적을 달성하기 위해 참여한다. 반면에 재무적 투자자는 단기적 혹은 중기적 금융 수익을 목적으로 M&A에 참여하는 투자자이다. 대상 기업의 가치를 극대화하여 다시 매각하거나, 주

식 시장에 상장(IPO) 등을 통해 투자금을 회수하고 수익을 실현하는 것을 목표로 한다.

SI의 대표적 사례로는 우리에게도 친숙한 디즈니를 들 수 있다. 디즈니는 애니메이션 관련 기업인 픽사(2006), 마블엔터테인먼트(2009), 루커스필름(2012), 21세기 폭스(2019)를 인수하면서 전략적 시너지를 형성해 왔다.

FI의 대표적 사례로는 세계 최대 규모의 사모펀드로 알려진 블랙스톤을 들 수 있다. 이번에 SM그룹 강남 사옥을 인수하기도 한 블랙스톤은 2007년에 힐튼호텔을 약 260억 달러에 인수했다. 이후 2013년 IPO에 성공하며 투자금을 회수함과 동시에 큰 이익을 실현한 것으로 알려져 있다.

사실 SI와 FI, 둘 중 어떤 것이 더 좋다고 단정적으로 말할 수는 없다. 다만, 개인적으로 나는 SI가 리드하는 M&A 시장이 장기적으로 대승적 목표인 '자원 분배의 효율성'을 더 높이고 사회 발전에 기여한다고 생각한다.

SI는 장기적인 큰 그림을 가지고 M&A에 참여한다. 기업인 만큼 장기적으로는 수익 창출을 하여 주주 이익을 극대화하는 목표를 가지지만, 단기와 중기 시점에서는 성장에 집중한다. 또한 대상 기업과의 시너지에 초점을 두기도 한다. 가령 판로가 마련되어 있는 기업이 좋은 상품을 가진 기업을 인수해서 더 많은 시장에 유통량을 늘린다든지, 반대로 좋은 기술을 가진 회사가 마케팅 역량이 있는 회사를 인수해서 상품화 측면에서 이득을 본다든지 하는 식이다.

지속적 발전을 위해 대상 기업을 인수한 후 R&D에 박차를 가하기도 하고 설비를 투자하기도 하고 관련 인력도 늘리는 경우도 있다. 이 과정에서 규모의 경제 혹은 혁신이 일어날 가능성이 높고, 이는 사회 전반에도 도움이 된다.

FI 역시 기업의 성장에 관심이 없는 것은 아니나, 그 목적은 중단기적 수익 창출에 있다. 사실 이는 필연적이기도 하다. FI는 자기 자본보다도 유동성 공급자(LP)들로부터 받은 돈으로 투자를 하는 경우가 많다. LP로부터 자금을 받아올 때 "몇 년 이내로 투자를 회수하겠다"는 식으로 약속한다. 따라서 그 기간 안에 수익을 실현할 수 있는 전략들을 위주로 생각하는 경향이 높을 수밖에 없는 것이다.

이러한 태생적 차이로 인해 대상 기업을 선정하는 단계부터 접근 방식이 달라진다. SI가 "대상 기업이 우리 회사와 시너지를 만들 수 있는 회사인가?"가 초점이라면, FI는 "대상 기업이 중단기 내에 수익화가 가능한 회사인가?"가 된다. 일종의 머니 게임에 가깝다고도 볼 수 있다. 그래서 FI가 회사를 인수하게 되면, 설비 및 R&D 투자보다는 재무적 구조를 상품 가치가 높게 다듬는 과정이 진행되는 경우가 빈번하다. 가령, 비핵심 자산을 매각한다거나, 구조 조정을 통해 핵심 부서만 남겨서 영업 이익률을 높게 만드는 것이다.

물론 FI의 방식에도 분명히 순기능은 있다. 비효율적 구조를 개선하여 경쟁력을 높일 수 있게 하는 한편, 산업 내에서 경쟁력이 낮은 기업들을 통합하여 구조를 재편하기도 한다. 투자 기간이 짧은 만큼 같은 돈을 여러 번 회전시키며 트렌드에 맞는 기업들이 빠르게 성장할 수 있게 돕기도 한다.

　보디빌딩에 비유하자면, 몸을 만들 때 일단 벌크업을 통해 근육량 자체를 늘리는 것이 SI, 그리고 그 근육이 잘 보이게 다듬는 것이 FI라고도 볼 수 있겠다. 사회를 하나의 유기체로 볼 때 전체 시장은 SI가 주도하고 FI가 보조하는 것이 바람직하다.

　한편으로는 행위의 목표 자체가 다르기 때문에 SI의 긍정적 영향력은 의도적이고 주체적으로 발휘되는 반면, FI의 긍정적 영향력은 주로 다른 목적을 위한 활동에서 부수적으로 나타나는 결과에 가까운 것으로 생각되기도 한다.

3장

M&A 전략

01
M&A는 제한된 시간 내의 게임이다

 M&A는 시간적 제약이 있다. 질질 끌면서 성공한 M&A는 거의 보지 못했다. 길어도 1년 안에는 클로징을 한다는 생각으로 접근해야 한다.

 M&A 과정이 길어지면 그 사이에 시장 상황이 바뀌어 버릴 수 있다. 특히 요즘처럼 트렌드가 빠르게 변화하는 시대에서는 더욱 그렇다. 적절한 시기를 놓치면 결과적으로 인수를 하게 되어도 처음에 목표로 했던 시너지의 효용성이 떨어질 수 있다. 또한 거래가 지연되는

사이에 경쟁사가 비슷한 회사를 먼저 사버리거나, 새로운 기술을 선점해 버릴 수도 있다.

만일 지연되는 동안 대상 기업의 실적이 좋아지거나 시장 상황이 대상 기업에게 유리하게 변하는 경우 기존 조건에 만족하지 못하고 인수 가격 인상을 요구할 수 있다. 혹은 아예 매각 자체를 재고하게 될 수도 있다. 여기에 새로운 경쟁 인수자가 등장하면 상황은 더 복잡해진다. 경쟁으로 인해 협상력이 약해질 수 있고, 효율적으로 인수할 기회를 잃게 되는 것이다.

딜 기간이 길어지면 대상 기업 내부적으로도 변수가 생긴다. 가령, 경영진이 교체되면서 기존 경영진의 방향성을 엎는다거나, 소문으로 인해 대상 기업의 분위기가 뒤숭숭해지며 대상 기업의 경영진이 내부 여론에 영향을 받게 될 수 있다. 불확실성이 지속되면 대상 기업의 사람들은 불안감을 느끼고, 퇴사로 인해 인재가 유출될 가능성도 있다. M&A는 대상 기업의 인력이 핵심인 것인데 그 핵심이 사라질 수도 있는 것이다. 한편으로는 회계, 법률 자문사들도 기간에 따라 추가 비용의 지급을 요구할 수 있다. 때문에, M&A는 최대한 빠르게 진행해야 한다.

M&A는 기업의 연간 사업 계획과도 맞물려 있는 것이 좋다. 보통 11월에서 12월 사이에 다음 해 계획을 세우면서 M&A의 필요성을 검토하게 된다. 이때 어떤 산업이나 기업을 볼지 큰 그림을 그리는 것이다. 실제로 많은 기업이 이 시기에 M&A 아젠다를 결정한다.

연초가 되면 본격적으로 인수 대상을 찾아 나선다. 1월부터 3월까지는 산업 동향도 살펴보고, 내부의 재무 상태도 분석하면서 실제로 M&A가 가능할지 타당성을 검토한다.

4월에서 6월 사이에는 실제로 기업들과 접촉을 시작하는 것이 좋다. 여러 기업을 만나보고 그중에서 1~2개 정도를 추려내는 것이다. 이 시기에는 특히 신중한 접근이 필요하다. 시장에 불필요한 소문이 퍼지지 않도록 조심스럽게 진행해야 하기 때문이다.

6월 이후부터는 본격적인 협상이 시작된다. 가격을 조율하고, 실사를 진행하고, 계약을 체결하는 등 실무적인 과정이 이어진다.

M&A가 처음이라면 되도록 자문사와 함께하는 것을 추천한다. 경험이 없는 기업에게 있어 M&A는 빠른 시간 안에 정확하게 도착해야 하지만, 다양한 함정이 도사리고 있는 꼬불꼬불한 초행길과 같다. 회사의 미래를 결정지을 수 있는 사안인 만큼 초행길은 전문가와 함께하는 것이 안정적일 것이다.

02
M&A 팀은 반드시 경험 있는 전문가로 구성되어야 한다

M&A는 앞서 언급했듯이 제한된 시간 내에 진행되어야 하므로, 시작부터 종결까지 한 치의 오차도 없이 순차적으로 진행돼야 한다. 그러기 위해서는 확고한 M&A 전략 수립이 선행되어야 하며, 착수 시기부터 경험 많은 M&A 전문가들과 함께해야 한다. M&A 전문가 팀의 이상적인 구성은 아래와 같다.

1. M&A 프로젝트 매니저(M&A 컨설턴트)

M&A 프로젝트 매니저는 M&A 프로세스 전반에 관여하며, 초기 전략 수립부터 평가와 협상, 자금 조달, 그리고 PMI까지 전체를 조율하는 일종의 교향악단 지휘자 역할을 담당한다.

프로젝트 매니저는 M&A의 성패를 결정짓는 사람으로, 반드시 M&A 경험을 보유해야 하며, M&A의 변동성과 위험을 사전에 파악하여 프로젝트가 안정적으로 진행될 수 있도록 하는 역할을 한다. 따라서 그 중요성은 아무리 강조해도 지나치지 않다.

2. M&A 전문 변호사

M&A에서 발생하는 각종 법률 사항을 검토하는 역할로, 제반 법규 및 규제 검토와 계약서 작성을 전담한다.

3. M&A 전문 회계사

M&A 경험이 풍부한 회계사로, 기업에 대한 이해를 바탕으로 가치 분석과 각종 세무 관련 사항에 대한 적절한 조언을 제공하는 역할을 담당한다.

4. 회사 내부의 팀

위의 ①②③이 외부 전문가라면, 회사 내부에도 반드시 이를 같이 추진하는 팀이 필요하다. 회사 내부 팀은 두 종류로 구분할 수 있다.

4-1. 코어 팀(Core Team)

딜의 거시적인 방향을 통솔하는 역할이다.

이는 주로 CEO(대표이사)나 최대 주주가 해당된다. 즉, M&A 거래에서 가장 중요한 역할을 수행하며, 해당 사안에 대해 정통해야 하고, 동시에 최고의 협상가여야 한다.

그래서 궁극적으로 M&A 거래에 대한 책임을 지고 PMI의 성공까지 책임지게 된다.

4-2. 트랜잭션 팀(Transaction Team)

M&A 거래에 직접 관여하는 부서이다.

즉, 재무부(경리부) 책임자, 기획실 책임자, 영업부, 생산부, 인사부, 전산부의 책임자들로 구성되며, 실제 M&A 거래에 관여하는 핵심 인력들이다.

이에 이상적인 M&A 팀 구성 조직도는 다음과 같다.

M&A 실행 조직

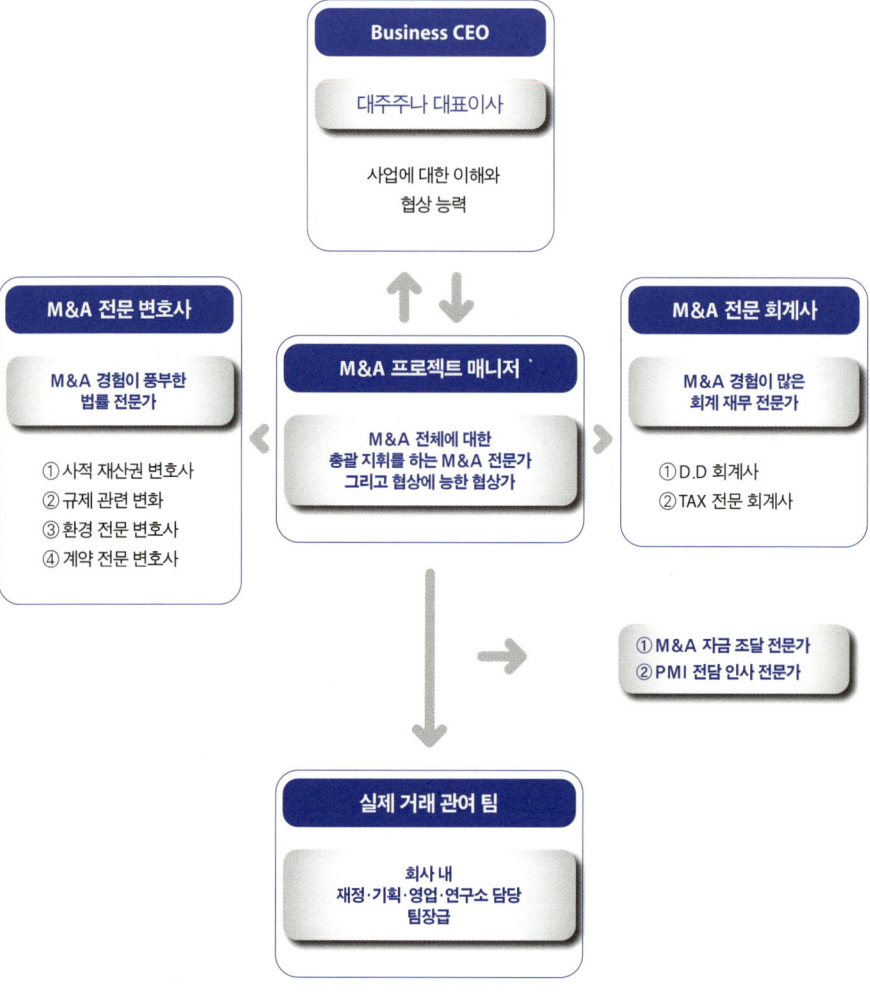

이상에서 살펴본 바와 같이 적정한 M&A 팀의 구성이 필수적임에도 불구하고, 실무적으로는 일부 회계사나 변호사들이 제한된 지식으로 M&A 전반에 관여하는 경우가 있어 안타까운 마음이 들 때가 있다. 또한 회사 내부에서도 CEO의 상대적 무관심이 팽배한 경우가 종종 있어 이 역시 매우 우려스러운 상황이다. 시장 참여자들의 M&A에 대한 이해가 높아져서 보다 이상적인 방식으로 딜이 진행되었으면 하는 바람이다.

03
M&A는 WIN-WIN 그리고 WIN

언론과 대중 담론에서 M&A는 종종 그 본질이 왜곡되거나 단편적으로 비치는 경우가 있다. 언론에서는 주로 스타트업이 대기업에 인수되며 창업가 개인이 큰 수익을 올리는 엑싯(EXIT) 사례를 강조하며 단기적 이익 실현 수단으로 비추어지기도 하고, 지분 경쟁을 하는 적대적 M&A 상황에서는 대립적 구도의 제로섬 게임으로 묘사되기도 한다. 그러나 이는 M&A의 일부만을 보여주는 단편적인 시각이라 할 수 있다. 그러한 것도 물론 M&A의 일부분이지만, M&A는 본질적으로 자원의 효율적 배분을 달성하고 '윈윈(Win-Win)'을 추구하는 행위이다.

법학은 정의를, 경영학은 이윤을 추구하는 학문이다. 그렇다면 경제학의 추구 목표는 무엇일까? 바로 시장 내 자원의 효율적 배분이다. M&A는 자본주의의 꽃으로서, 이러한 경제학의 목표 달성에 부합하는 행위로 볼 수 있다.

시장을 들여다보면 기업들의 경쟁은 끊임없이 이어진다. 어떤 기업은 성장하고, 어떤 기업은 쇠퇴하며, 변화의 흐름을 따라가지 못한 기업은 도태되기도 한다. 그런데 여기서 한 가지 주목할 점이 있다. 기업이 실패했다고 해서 그 자산과 인력이 모두 무용지물이 되는 것은 아니라는 점이다. 경영이 미숙했던 기업이라도, 그 기업이 보유한 기술이나 시장 점유율, 인적 자원의 가치는 여전히 남아 있다. 만약 M&A가 없다면 실적이 좋지 않거나 망한 회사의 직원들은 모두 직장을 잃게 될 것이고, 투자한 설비와 공장은 무용지물이 될 것이다. 또 대상 기업과 거래하던 고객들도 피해를 보게 될 것이다. 비효율이 아닐 수 없다.

M&A는 이러한 비효율을 해결하는 데에 중요한 역할을 한다. 상대적으로 경쟁력이 낮거나 운영이 비효율적인 기업이 더 우수한 경영자의 손에 들어가면, 같은 자원을 가지고도 훨씬 높은 생산성을 낼 수 있게 된다. 이는 단순히 어려움을 겪는 기업을 정리하는 것이 아니라, 그 기업이 가진 자산을 최적의 방식으로 재배치하는 과정인 것이다.

가령 A 기업의 매출이 연 100억 원 수준이라고 가정해 보자. 만약 B 기업이 A 기업을 인수하여 시너지를 통해 A 기업이 연 1,000억 원 매출의 회사로 성장할 수 있다면, 이는 자원 배분의 효율성을 달성한 것이다. 이러한 효율성은 인수 기업과 대상 기업, 나아가 사회의 구성원까지 효익이 이어지기 때문에, M&A의 본질은 'Win-Win'을 넘어선 'Win-Win-Win'의 행위라 볼 수 있다.

더불어 경쟁력을 갖춘 기업이 더 많은 자원을 활용할 기회를 얻으면, 시장에서 더욱 강한 성장 동력을 확보할 수 있다. 규모의 경제를 실현하거나, 신기술을 접목해 혁신적인 제품과 서비스를 출시할 가능성이 커진다.

정리하자면, M&A는 시장 내 자원의 최적 배분을 돕고 전체 경제의 생산성을 높이는 역할을 한다. 이를 통해 개별 기업뿐만 아니라 산업 전반, 더 나아가 국가 경제의 효율성까지 높일 수 있는 것이다. 이런 점에서 M&A는 경제학이 본질적으로 실현하고자 하는 자원 배분의 효율성을 달성하고, 자본주의 시장이 원활하게 작동하도록 만드는 필수적인 장치라 할 수 있다.

04
기업 경영에서 M&A의 필요성

인수 기업

자본주의의 역사를 돌아보았을 때 '영원히 성장하는 기업'은 없었다. '영원히 유지되는 기업'조차 찾기 어렵다. 이로 미루어 볼 때, 기업은 현실적으로 성장과 유지의 모멘텀 안에서 주주 이익을 극대화하는 것이 목표라고 할 수 있다. 그리고 가능한 그러한 모멘텀을 늘리는 것이 중요하다.

그렇게 하기 위해서 기업은 꾸준히 발전하고 성장해야 한다. 성장을 위한 동력은 내부적으로 발생시킬 수도 있고, 아니면 외부에서 받아와 배양시킬 수도 있다. 후자에 해당하는 것이 바로 M&A를 이용하는 것이다. 대체로 초기의 기업들은 동력을 내부적으로 발생시키는 경향이 강하고, 성숙기에 있는 기업들은 외부에서 배양하는 경향이 상대적으로 강하다.

성숙기에 있는 기업들이 대체로 유보금을 쌓아두는 것에 비해, 초기 기업들은 애초에 M&A를 할 자금 혹은 자금을 융통할 신용이 부족하기 때문이기도 하고, 성숙기에 있는 회사는 성장을 위한 시도의 기회비용이 크기 때문이기도 하다. 이미 덩치가 크기 때문에, 한번 사업을 시도하면 기대 수익의 규모도 그에 맞추어져야 한다. 그 때문에 가벼운 마음으로 시도하기보다는 상업성이 어느 정도 확인된 시장에서, 일차적으로 검증된 아이템으로 시도해야 하는 입장인 것이다.

시장의 변화는 점점 더 빨라지고 있다. 기업을 운영하고 있지 않더라도, 매년 새로 나오는 제품과 기술들에 관심이 있다면 변화의 속도를 쉽게 느낄 수 있을 것이다. 소비자는 기업이 맨땅에서 시작하여 기술을 개발하고, 그것을 제품화하는 긴 시간을 기다려주지 않는다. 기술 개발에 힘쓰고 있다가, 경쟁사에서 먼저 시장을 선점해 버릴지도 모르는 일이다. 이러한 상황에서 M&A는 성장의 필수적 요소가 되어 가고 있다.

인허가 또한 M&A의 이유가 되기도 한다. 우리나라는 특히 인허가가 많은 편이다. 미국의 경우에는 '블랙리스트' 제도가 전반적으로 적용된다. 정부에서 지정한 사항만 제외하면 대부분이 허용된다는 이야기다. 반면에 우리나라는 '화이트리스트'의 방식으로 제도가 형성되어 있는 부분이 많다. 기본적으로 모두 불가한 상황에서 예외적으로 가능한 사항을 하나씩 풀어주는 방식이다. 이러한 경향성으로 인해 우리나라는 상대적으로 인허가가 많다.

소비자 입장에서는 잘 보이지 않지만, 기업 내 전략 부서에 있거나 작은 자영업이라도 해보신 분들은 공감되는 면이 있을 것이다. 우스갯소리로, 우리나라에서는 뭐 하나를 하려면 인허가 도장이 200개는 있어야 한다는 말도 있다. 그렇게 인허가를 받으며 시간을 지체하다 보면 트렌드는 이미 고점을 넘고, 그 사이에 해외에서 신제품이 만들어져 시장에 이미 침투해 있다. 이러한 행정적 요소도 M&A에 대한 유인을 증가시키고 있다.

또 다른 이유는 작은 규모의 기업에서 혁신이 발생할 가능성이 높기 때문이다. 통상 성숙기의 기업은 초기 기업보다 딱딱하고 유연성이 적다. 그것이 나쁘다는 것은 아니다. 규모 있는 기업을 운영하려면 필연적으로 체계와 절차가 필요하다. 다만 이는 종종 조직원의 창의성과 열정을 떨어뜨리는 요인이 되기도 한다. 반면 초기 기업은 꿈과 비전을 위해서든 자신의 안위를 위해서든 소위 '목숨 걸고' 일하는 경우가 많다. 성숙기에 있는 기업은 이러한 창의성과 적극성의 산물을 비용을 통해 획득하여, 그를 기반으로 더 많은 수익을 창출할 수 있다.

피인수 기업

"회장님, 그동안 고생 많으셨습니다. 그러나 회장님은 여기까집니다."

M&A 딜 메이커로서, 평생을 바쳐 회사를 일구어온 사람에게 여기까지만 하고 이제부터는 다른 사람에게 넘기라고 말하는 것은 쉬운 일이 아니다. 그리고 이 말에 단번에 수긍하는 회장님도 거의 없다.

사업을 하면서 어려움을 겪지 않은 창업자는 없다. 하나의 회사에는 창업자와 여러 인물의 서사가 섞여 있다. 창업을 시작하게 된 이야기, 첫 시제품의 생산 과정, 마음을 졸이며 시작한 첫 거래, 지금의 기업을 있게 만든 핵심 사건, 치열한 경쟁과 승리, 그리고 빠지지 않는 믿었던 사람의 배신까지. 그러한 이야기들이 쌓여가는 과정에서 창업자는 회사를 자식처럼 여기고, 자신과 동일시하는 경우가 많다.

"전문가라고 해서 불렀더니, 그런 소리 할 거면 이제 연락하지 맙시다!"

미팅 자리에서 화를 내시며 이렇게 말씀하시는 회장님들도 있다. 그리고 며칠 후에는 다시 차분히 이야기하고 싶다며 연락이 온다. 그러한 마음은 물론 이해가 간다. 그리고 그 열정 덕에 지금의 회사까지 운영해 올 수 있었던 것이리라.

회사도 하나의 서사를 1막으로 마무리 짓고, 다음 막으로 넘어가야 할 때가 있다. 대표적인 경우가 '창업자의 은퇴'이다. 사람이 열정적으로 기업을 이끌고 갈 수 있는 시간에는 물리적으로 한계가 있다. 가령 기업이 핵심 역량을 바탕으로 하여 기반을 다졌고, 성장을 위해서 한 번 더 점프가 필요한 상황이라고 해보자. 기업이 한 번의 도약을 준비하기 위해서는 또 한 번의 많은 자금과 긴 시간의 투입이 필요하다. 큰 규모의 시스템에서는 10년, 20년도 바라보고 투자를 할 수 있으나, 은퇴를 앞둔 창업자 혹은 소규모 회사에 그것은 너무 긴 시간인 것이다. 나이가 들면 트렌드를 따라가지 못하는 경우가 발생하기도 한다. 후계자가 없거나, 사업을 이어갈 방안이 없을 경우 M&A가 좋은 대안이 된다.

자본력이 부족한 때에도 M&A를 고려해볼 수 있다. 핵심 기술은 개발했는데 이를 상품화하는 데에 막대한 돈이 필요하다고 할 때, 이를 충분한 자본력을 갖춘 기업에 넘기는 것이 좋은 방법이 될 수 있다. 가령 바이오산업과 같은 경우, 임상 시험을 세 번을 진행해야 하는데 FDA 기준 임상 시험에만 수십억 이상의 돈이 든다. 시간이 오래 걸리는 것은 물론이다. 이미 원천 기술을 개발한 시점에서, 리스크와 막대한 시간 소요를 감수하며, 상품화 단계까지 직접 하는 것보다 기술을 넘기는 것이 합리적인 선택이 될 수 있다. 이를 '라이센싱 아웃'이라고 한다.

때로 R&D 종사자들은 '기술 개발' 자체를 즐기기 때문에 사업화에 대한 고민으로 머리를 싸매기보다 '라이센싱 아웃' 한 뒤에 또 새로운 개발을 찾아 연구를 시작하는 것이 더 많은 행복을 가져다줄 수도 있다. 재무 관리, 법률 리스크, 인사 관리 및 노조 관계 등 경영의 전반적인 스트레스를 겪지 않고 또 다른 재밋거리를 찾아 나설 수 있게 되는 것이다. 애초에 기술 개발을 위한 역량과 그 기술로 사업화를 하여 돈을 버는 역량 또한 전혀 다른 영역이기도 하다.

우리나라와 달리, M&A가 활성화된 미국에서는 기업을 대체로 '수단'으로 여기는 경향이 많다. 자신과 동일시하지 않는 것이다. 회사는 회사, 나는 나라고 생각한다. 법인은 주주와 별개의 인격이니 원론적으로 맞는 말이기도 하다. 미국에서는 100년이 넘은 전통 있는 기업도 값을 크게 쳐준다고 하면 바로 매도하는 사례들도 적지 않다.

창업자가 기업을 매도하면 여러 이점이 있다. 가장 중요한 것은 회사의 지분 가치를 현금화할 수 있다는 것이다. 적지 않은 창업가들이 회사의 지분 가치는 높으나 실제 자신의 손에는 돈이 들어오지 않는 상황을 겪는다. 부자 법인의 가난한 대표인 것이다. 적절한 시기에 이를 현금화하면 장부상의 재산을 실제 수익으로 실현할 수 있다. 또한 새로운 도전으로 나아가며 또 한 번의 성취감을 얻을 수 있는 기회가 되기도 한다. 그리고 지금까지 쉬지 않고 달려온 인생에 쉼표를 한번 찍고, 다가올 2막에 들어가기 전에 휴식을 취할 수 있는 것도 장점 중 하나다.

05
M&A는 미래를 사는 것이다

"과거의 실적이 미래의 수익을 보장하지 않습니다."

주식 투자자라면 한 번쯤 들어봤을 것이다. 이 문구는 금융상품 설명서나 리포트 말미에 등장하는 법적 고지사항이다. 투자자들은 이를 흔히 '면책 조항' 정도로 가볍게 여기곤 한다. 하지만 이 문구에는 투자의 본질을 꿰뚫는 깊은 통찰이 담겨 있다.

기업의 현시점 가치는 미래에 창출할 수익의 현재 가치로 볼 수 있다. 즉, 우리가 주식을 살 때 사는 것은 그 기업의 '과거'가 아닌 '미래'

다. 하지만 인간은 예측하기 어려운 미래보다 확실한 과거의 기록에 더 큰 무게를 두는 경향이 있다. 한편으로 오너가 아닌 자문사, 직원처럼 대리인이 의사 결정에 영향을 주는 상황이라면, 판단의 근거가 수치상으로 명확한 것이 이후 책임에서 벗어날 수 있는 안전한 방법이 되기도 한다.

과거의 데이터에 비중을 두는 이러한 심리적 편향은 M&A 딜을 하는 상황에서도 발생한다. 축약하자면 "이 회사 재무제표를 보니 지난 5년간 꾸준히 이익이 증가했네요. 괜찮은 회사인 것 같은데, 인수하면 어떨까요?"와 같은 식이다.

이러한 논리도 부동산 식 접근법에서 영향을 받은 것이라 생각한다. 부동산은 대체로 안정적이어서, 지금 임대료를 잘 받고 있으면 미래에도 잘 받을 가능성이 높기 때문이다.

그러나 기업에서는 과거의 영광이 미래의 실적을 보장하지 않는다. 상황이 변화하면 돈을 잘 벌던 기업도 적자로 돌아설 수 있는 것이 시장의 논리다. 멀리 갈 것도 없이 코로나 시국 동안 마스크를 제조하던 업체는 돈을 무척 잘 벌었지만, 이후에는 문을 닫는 사례가 많았다. 마라탕이나 탕후루와 같은 경우도 마찬가지다.

2005년 당시 세계 최대의 온라인 경매 및 전자상거래 플랫폼이었던 이베이(eBay)는 인터넷 기반 음성 통화 서비스인 스카이프(Skype)를 26억 달러에 인수했다. 스카이프는 2003년에 윈도우용 프로그램을 출시하며 성장세를 이어가는 모습이었다. 이베이는 잘나가는 기업을 인수하면서, 인수 후 기업 가치가 상승할 것을 기대했다.

그러나 이베이의 사용자들은 스카이프를 사용하지 않았다. 온라인 경매는 익명성이 중요한 요소였다. 구매자는 신분 노출 없이 입찰할 수 있고, 판매자 또한 정체를 알리지 않고 상품을 제공할 수 있었다. 그러나 스카이프가 제공하는 음성 대화 기능은 익명성을 희석했다. 고객들은 여전히 이메일 소통을 선호했고 결국 이베이는 2007년에 자산 손실을 보고 스카이프를 다시 매각해야 했다.

M&A 의사 결정에 있어서 과거는 당연히 중요하다. 그러나 그것은 어디까지나 미래를 예측하는 하나의 요소로써임을 잊지 말아야 할 것이다.

06
인수하고 싶은 기업과 경영할 수 있는 기업은 다르다

"요즘 AI가 트렌드라는데 우리도 관련 기업 인수해서 한번 해볼까?"

"저 회사만 사면 재계 ○○위로 올라갈 수 있는데…."

M&A는 기업 성장의 지름길로 여겨진다. 단기간에 경쟁 우위를 확보하고 시장에서의 점유율을 확보할 수 있다는 것은 인수 기업에 매력적인 대안으로 여겨진다. 그러나 이 과정에서 놓치기 쉬운 함정이 있다. 바로 하고 싶은 딜과 할 수 있는 딜을 혼동하게 되는 경우다.

너무 규모가 큰 기업의 인수

대표적으로 실패 가능성이 높은 경우는 규모가 너무 큰 기업을 인수했을 때이다. 성장을 극대화하기 위해 때로 기업들은 대형 인수를 통해 업계 선두 주자로 올라서거나 경쟁자를 제거하고자 한다. 때로는 경영진의 감정적 동기가 반영되기도 한다. 이러한 대형 인수는 성공하면 대박이지만, 현실은 녹록지 않다.

대형 인수의 경우 통상 많은 돈을 차입해서 들어가게 되어 회사의 재무 구조를 악화시키는 경우가 많다. 특히 이자 부담이 더해지는 만큼, 현금 흐름이 좋지 않거나 인수한 기업과의 시너지가 기대보다 좋지 못할 경우 현금 유동성 측면에서 위기가 올 수 있다. M&A는 인수 후에도 많은 변수가 있는 작업인데 이러한 변수에 대처할 여유를 딜 과정에서 잃게 된다는 뜻이다. 이런 경우 대상 기업뿐 아니라 인수 회사까지 영향을 미쳐서 차라리 하지 않는 것이 나았던 M&A로 평가되기도 한다.

실례로 웅진그룹은 2019년 우리에게도 익숙한 코웨이 지분 일부를 인수했다. 인수 자금은 1조 6,000억 원 이상에 달했는데 대부분을 인수 금융과 전환 사채로 조달했다. 그러나 그룹 내 변수로 인해 신용 등급이 하락하면서 유동성에 어려움이 발생하여 넷마블에 최종적으로 매각하게 되었다. 시장에서는 인수 규모가 컸다는 평이다.

또한 대형 인수를 할 경우, 통합해야 할 조직의 규모도 커지게 된다. 조직의 통합은 단순히 대상 기업의 회사에 인수 회사의 방침을 이야기하고 따르라고 설득하는 것에서 끝나지 않는다. 조직의 부서 간 중복된 역할을 조정하고, 업무 프로세스를 단일화하고, 지배 구조 및 경영 체제를 다시 수립해야 한다. 대상 기업 조직원들의 처우 또한 고려해야 한다. 작은 기업은 조직원도 적고 부서와 프로세스 등도 상대적으로 복잡하지 않아 통합이 용이하다. 그러나 큰 기업의 경우 통합 과정에서 마찰과 비효율성이 늘어날 가능성이 높다.

이에 더하여, 만약 하청 기업이 원청 기업을 인수하는 상황이라면 통합에 있어서 어려움이 늘어난다. 어제까지만 해도 내가 지시를 내리던 사람이 내 위에 와서 지시하면 그를 유쾌하게 따를 사람은 많지 않다. 지시에 따라 업무는 하더라도 사기나 의욕이 떨어질 수 있고, 시너지를 내는 데에도 저해가 된다. 갈등이 심해지면 업무 거부를 하는 경우가 발생하기도 한다.

이종 사업의 인수

기존에 하던 업종과 전혀 다른 업종을 인수하는 경우에도 많은 고민이 필요하다. 이종 산업에 있는 기업을 인수하게 되면 새로운 시장에 진출할 기회가 생기고, 포트폴리오를 다각화하여 그룹의 안정성을 기하는 장점이 있지만, 적지 않은 리스크가 존재한다.

가장 주요한 것은 PMI의 어려움이다. 기업의 문화는 각 산업이 놓여 있는 상황에 많은 영향을 받으며 형성되는데 이종 산업 간에는 그러한 간극이 클 가능성이 높다.

예를 들어 A 기업은 매주 정시에 회의를 열고 보고서를 꼼꼼하게 챙기는데, B 기업은 자율적으로 업무를 진행하고 필요할 때마다 소통하는 방식이라고 해 보자. 한쪽은 다른 쪽이 무질서하다고 생각하고, 다른 쪽은 상대방이 융통성이 없다고 불만을 품게 될 것이다.

또 다른 문제는 새로운 시장에 대한 이해 부족이다. 자동차를 잘 만든다고 해서 반도체도 잘 만들 수 있을까? 각 산업에는 그들만의 게임의 법칙이 있다. 규제 환경도 다르고, 시장 구조도 다르며, 경쟁 방식도 다르다. 그 때문에 인수 기업이 대상 기업이 속한 산업의 방식을 이해하고 방향성을 결정하려면 상당한 노력이 필요하게 되는 것이다.

이러한 연유로 이처럼 이종 산업 M&A는 매력적으로 보일 수 있으나, 그만큼 위험도 크다. 나는 사실 누군가 이종 산업 인수를 고려한다면 매우 신중하게 검토해 보라고 조언하는 편이다.

M&A는 현실적이고 관리 가능한 선택이어야 한다. 아무리 매력적인 기업이라도, 우리 조직의 역량과 자원으로 감당할 수 있어야 한다. 뒤에서 다시 강조하겠지만, M&A의 목적은 '트랜잭션 석세스(Transaction Success)'가 아니라 '딜 석세스(Deal Success)'이기 때문이다.

07
기업과 부동산은 다르다

"어디 좋은 기업 인수하고 싶은데요."

예전이나 지금이나 종종 이런 전화가 걸려 온다. 싸고, 사두면 돈 되는 그런 기업 없냐는 이야기이다. 마치 부동산 매물을 구하듯 기업을 찾는다. 그런 게 있으면 좋겠지마는, M&A는 사실 그렇게 단순하지 않다.

사람들이 M&A를 부동산 거래처럼 여기는 이유는 아마 겉으로는 가치를 분석하고 협의 후에 대금을 치르는 절차가 비슷하게 보이기 때문일 것이다.

다른 이유로는 M&A 시장에서 딜을 중개하는 사람 중 부동산 시장에 있다가 M&A로 넘어온 사람들이 종종 있다 보니 (나는 이런 사람들을 딜 메이커라 부르지 않는다) 그러한 문화가 형성되었으리라 짐작한다. 실제로 1990년대 무렵 M&A가 한국에 본격적으로 들어오기 시작했을 때 일부 언론들은 '기업 복덕방'이라는 표현을 쓰기도 했다. 나는 기회가 될 때마다 그런 표현은 M&A의 본질을 왜곡하는 표현이니 자제해 달라고 부탁했다.

M&A는 부동산 거래와는 본질적으로 다르다. 내가 꾸준히 원칙으로 삼고 있는 말이다. 근본적인 차이는 부동산은 '물적 자산'을 중심으로 하지만, 회사는 '사람'을 중심으로 한다는 점이다. 우리가 "회사가 좋다"라고 말할 때는 사실상 "그 회사에 다니는 사람들이 좋다"라는 뜻과 기의 일치한다.

M&A 시장에 진입하는 많은 사람이 착각하는 것 중 하나가 바로 사람에 대한 변수다. 기업을 산다는 것은 결국 그 기업 안의 사람을 산다는 것과 같은 말이다. 기업을 샀는데 직원들이 다 퇴사해 버리면 회사는 빈껍데기에 불과해진다. 기대한 전략적 목표는 달성하지 못할 것이다. 그런데도 거래 시에 사람을 고려하지 않는 경우가 있다. 단순히 '돈 좀 더 주면 알아서 하겠지'라고 생각하는 경우다.

이에 더하여 부동산의 거래와 회사의 거래 사이의 차이를 조금 더 구체적으로 말하자면 가치 산정의 어려움, 그리고 변동성과 거래 이후의 관리를 들 수 있겠다.

회사의 가치는 부동산에 비해 훨씬 복잡하게 산정된다. 부동산도 여러 분석이 필요하지만, 기본적으로 물리적 유형 자산을 중심으로 평가가 이루어진다. 그러나 회사는 유형 자산에 더해 무형 자산까지 함께 고려해야 한다. 가령 대상 기업이 가지고 있는 물리적 자산 외에도 브랜드 가치, 판로와 영업권의 가치, 기술이 향후 창출할 이익, 인사 시스템과 조직 문화의 안정성 등이 모두 종합적으로 평가되어야 한다. 또한 대상 기업이 속한 산업의 미래 전망과 규제 환경 또한 고려하여 가치를 산정해야 한다.

또한 회사는 누가 사느냐에 따라 가치가 크게 달라질 수 있다. 시너지가 좋은 회사가 대상 기업을 인수하면 그 가치는 높아질 것이고, 그렇지 못한 회사가 인수하면 오히려 손해를 볼 수 있다. 부동산은 누가 구매하든 그 활용 방안과 예상되는 수익 가치가 대동소이하다는 점에서 큰 차이가 난다. 그리고 이것이 바로 M&A 시에 대상 기업을 싸게 인수한다고 능사가 아닌 이유다. 저 대상 기업을 사서 얼마만큼의 밸류업(Value-up)을 할 수 있는지가 더 중요한 것이다.

변동성 또한 부동산에 비해 회사가 높은 부분이 있다. 가령 부동산은 요지에 있는 아파트를 사두면 지진이 나서 무너지지 않는 한 상대적으로 가치가 안정적으로 보장되는 경향이 있다. 심지어 지진이 나도, 땅의 가치는 그대로 소유하게 된다. 그러나 회사의 경우 신경 쓸 변수가 매우 많을뿐더러, 상황에 따라 가치의 변동성이 심하다. 극단적인 경우, 투자 금액과 관계없이 인수한 주식이 휴지 조각이 될 수도 있다.

부동산은 거래를 종결하면서 대부분의 의사 결정이 마무리되고, 개발하지 않는 이상 크게 신경 쓸 사항이 없다. 그러나 M&A는 거래를 마무리한다고 일이 끝나는 것이 아니다. 그때부터가 정말 중요한 시작점이 되는 것이다. PMI를 통해 원활한 통합 과정을 거치고 전략 목표를 달성하기 위해 나아가야 하는 것이다.

M&A는 기본적으로 지는 게임이다. 경험적으로 진정한 의미의 주주 가치 제고를 위한 M&A 성공은 잘 일어나지 않는다. 확률적으로 볼 때 열 개 중 한두 개 정도만 성공한다. 미국의 'Business Week'와 'Merger Management Consulting'이 조사한 자료에 따르면, 전체 기업 인수의 51%는 주주 가치 손실을 초래했고, 32%는 인수하기 전과 동일 수준이었으며 17%만이 주주 가치 제고를 달성했다.

성공적인 M&A를 위해서는 무형적 변수에 대해 고민하고, 부동산이 아닌 유기체로서 접근하는 마인드가 반드시 필요하다.

08
트랜잭션 석세스와 딜 석세스

M&A의 성공을 정의할 때 '트랜잭션 석세스(Transaction Success)'와 '딜 석세스(Deal Success)'로 나누어 살펴볼 수 있다. 이 둘은 비슷한 것처럼 보이지만, 실제로는 전혀 다른 개념이다.

트랜잭션 석세스는 말 그대로 거래의 성사 자체를 의미한다. 양측이 협상 테이블에서 합의를 이루고, 계약서에 도장을 찍으며, 필요한 인허가를 받는 등 거래를 완료하는 것이다. 가령, M&A 계약이 체결되고 필요한 경우 공정거래위원회의 기업 결합 승인을 받으면 트랜잭션 석세스는 달성된 것이다.

반면 딜 석세스는 거래 이후의 가치 창출을 말한다. '주주 가치를 제고하기 위해 기존 수립했던 M&A의 전략적 목표를 달성했는가?'가 기준이 된다. 단순히 계약서에 도장을 찍는 것이 아니라, M&A를 통해 실제로 기업 가치를 높이고 시너지를 만들어내는 범위까지를 포괄한다. 여기에는 PMI 과정의 성공, 시너지 효과 실현, 시장 경쟁력 강화, 재무 성과 개선 등이 포함된다.

예를 들어 보자. A 회사가 핵심 기술을 보유한 스타트업 B를 인수했다고 하자. 인수 계약을 체결하고 대금을 지급했다면 트랜잭션 석세스를 달성한 것이다. 하지만 딜 석세스의 관점에서는 아직 시작도 하지 않은 것이다. B 회사의 기술을 A 회사의 제품에 성공적으로 접목하고, 이를 통해 시장 점유율이 높아지거나 매출이 증가할 때 비로소 딜 석세스를 이루었다고 할 수 있다.

사람들은 종종 트랜잭션 석세스에 집중하여 딜을 대하는 경향이 있다. 거래 성사 자체에 집중하게 되는 경우다. 이미 말한 것처럼 기업 거래를 부동산 거래처럼 여기는 데에서 기인한 것일 수도 있고, 혹은 좋은 매수 기회가 많지 않다 보니 기회가 왔을 때 거래의 체결에 집중하느라 본질에 대해 잊고 있을 수도 있다. 그러나 나는 항상 딜 석세스가 M&A의 성공 지표이며 우리가 집중해야 하는 사안이라고 강조한다.

트랜잭션 석세스는 과정일 뿐이다

어떤 개념이 헷갈릴 때에는 본질로 돌아가는 사고가 필요하다. 본서에서 M&A의 본질과 철학에 대해 깊게 다루는 이유이기도 하다. M&A는 경영 전략 중 하나로 인수 기업이 대상 기업의 지배력을 확보하는 행위로 규정되며, 그 목적은 주주 가치의 제고에 있다. 그리고 거래가 성사되는 시점은 주주 가치가 제고되는 때는 아닌 것이다.

또한 M&A의 실패는 트랜잭션 석세스를 달성하지 못한 것으로 정의되지 않는다. 주로 딜 석세스가 달성되지 못한 것을 시장에서는 M&A의 실패로 본다.

2000년 AOL과 타임워너의 합병은 트랜잭션 석세스는 달성했으나 딜 석세스를 달성하지 못한 대표적 사례이다. 타임워너는 강한 미디어를 가진 기업으로 우리가 흔히 아는 CNN이 이 회사의 소유이다. AOL은 당시 잘나가던 인터넷 기업이었다. 당시 역사상 최대 규모였던 이 거래는 화려하게 시작했지만 지금은 대표적 실패 사례로 꼽힌다. 기술과 문화의 차이를 극복하지 못했고, AOL의 기술력을 타임워너의 미디어 플랫폼에 제대로 접목하지도 못했다. 결국 기대했던 성장과 수익은 실현되지 않았다.

M&A는 거래 이후가 더 중요하다

M&A는 주식을 양수·양도하는 과정을 넘어 융합을 통해 성장을 추구하는 경영 활동이다. 이 과정에서 거래의 완수는 출발점에 불과하다. 강조하고 싶은 것은 조직 간 통합(PMI)이다. 아무리 매력적인 거래였더라도 PMI에 실패하면 기대했던 시너지는 물거품이 되고, 오히려 기업 가치가 떨어질 수 있다.

딜 석세스의 핵심은 거래 이후의 가치 창출과 지속 가능한 성장이다. 중요한 것은 M&A가 기업의 장기적 성장과 재무적 성과로 이어지느냐다. 가령 인수한 기업의 기술이나 자원이 기존 사업과 잘 융합되어 시장 점유율이 높아지거나 운영이 효율화되는 경우가 성공적인 딜이라 할 수 있다.

M&A는 짧은 시간에 많은 의사 결정을 해야 하는 작업이다. 만약 어떤 사안에 대하여 결정하고자 한다면 '이것이 딜 석세스에 기여하는 것인지'를 기준으로 삼는 것을 권한다. 마지막으로, M&A 작업에 도움을 주는 회계법인과 법무법인 같은 '페이퍼 스페셜리스트'들의 역할은 트랜잭션 석세스를 이끄는 데에 있다. 딜 석세스는 당사자 본인이 우선적으로 챙겨야 한다.

09
일반적인 M&A 프로세스

M&A 실무의 상세 내용에 대해 말하기 전에, 큰 흐름에 대한 이해를 위해 진행 프로세스를 먼저 짚고 가고자 한다. 법적으로 정해진 것은 아니지만, 대체로 아래와 같은 순서로 진행된다. 인수 기업을 기준으로 작성하였다.

목표 및 전략 수립

　우리나라에서는 많은 기업이 '좋은 회사가 있으면 사자'는 식의 막연한 접근으로 M&A를 시작한다. 이는 마치 부동산을 매입하듯 접근하는 것이다. 그러나 M&A는 부동산과 달리 정형화된 기준이 없다. 그 때문에 이러한 막연한 접근은 실패 확률을 높이는 요인이 된다.

　성공적인 M&A를 위해서는 먼저 목표가 명확해야 한다. 우리는 왜 M&A를 하려고 하는가? 기술을 확보하기 위함인가? 시장 점유율을 높이려는 것인가? 아니면 새로운 사업 영역으로 진출하기 위함인가? 전략 수립 단계에서는 이러한 목표를 먼저 분명하게 해야 한다.

　목표가 세워졌으면 그다음은 산업에 대한 실사가 필요하다. 당장의 수익성에 현혹되지 않고 미래를 기준으로 산업의 흐름을 읽고 기술의 발전 방향을 예측해야 한다. 산업 실사를 할 때는 성장 가능성부터 들여다보아야 한다. 경쟁 구도는 어떠한가? 기술은 얼마나 빠르게 진화하고 있는가? 현재는 수익성이 좋더라도 미래에 시장이 축소될 가능성이 있다면 신중해야 한다.

　산업 실사까지 마쳤다면 다음은 우리 회사의 M&A와 관련된 역량을 분석해야 한다. 우리 회사의 기술력은 어느 정도인지, 우리 회사가 동원할 수 있는 인수 대금은 어느 정도인지를 파악해야 한다.

대상 기업의 선정

전략이 수립되었다면 다음은 대상 기업을 탐색한다. 대상 기업을 선정할 때에는 전체 산업군을 기준으로 탐색하는 것이 좋다.

다만, 너무 많은 회사가 있기 때문에 결정이 어렵다면 효율성을 위해 정량적 기준을 먼저 설정하는 것이 좋다. 가령 "매출은 100억 이상의 회사로 하겠다", "업력이 5년 이상은 된 회사로 하겠다" 등의 기준이 있을 수 있다. 이후 정성적 기준으로 2차 필터링을 하여 리스트를 만드는 것이다.

교섭

대상 기업이 선정되었으면 대상 기업에 M&A에 대한 의사를 전달한다. 긍정적 회신이 오면 미팅을 갖고 이야기를 나눈다. 중요한 것은 실질적인 결정권자를 만나는 것이다. 중간 관리자에게 말하는 것은 대체로 큰 의미가 없다. 중간 관리자가 사내 변화를 우려해 M&A에 대해 거부감을 가지고 있을 경우, 오히려 상황에 부정적인 영향을 줄 수 있다. 그것이 아니라 하더라도 오너는 보통 M&A에 관심이 있다는 사실을 사내에 알리고 싶어 하지 않기 때문에 중간 관리자가 보고해도 별로 관심이 없는 듯 행동할 수도 있다. 전문 경영인이 있는 경우도 마찬가지다. 전문 경영인이 아니라 실질적 회사의 주인인 대주주와 이야기를 나누어야 한다.

교섭에 성공하여 대화가 진전될 여지가 보인다면 점점 더 깊은 대화를 이어간다. 앞서 말했듯 이 기간에는 시간이 많이 소요될 수 있다. 이 과정에서 계수적 니즈(Needs)와 비계수적 니즈를 파악한다.

상대도 M&A 의사가 있다고 판단되면, 비밀 유지 계약을 체결한 후에 예비 실사에 들어가게 된다.

예비 실사

비밀 유지 계약을 체결한 이후에 실사를 진행한다. 거래 단계에서 실사는 예비 실사, 본 실사, 클로징 실사가 있는데 딜의 규모나 상황에 따라서 절차는 조정되기도 한다.

실사는 기본적으로 해당 기업의 실질적 상황을 판단하기 위해서 진행한다. 짧은 시간에 많은 부분에 대해 검토해야 하기에 우선순위를 정해 두고, 재무, 법률, 인사, 운영, 기술 등 분야별로 상세한 체크 리스트를 만드는 것이 좋다. 재무 실사에서는 지난 몇 년간의 재무제표를 살피고, 부채는 얼마나 있는지, 주요 계약은 어떤 것들이 있는지 확인한다. 법률 실사는 소송에 휘말린 적은 없는지, 법규는 잘 지키고 있는지를 본다. 인사 실사에서는 조직이 어떻게 구성되어 있고, 핵심 인력들의 능력은 어떠한지, 고용 계약은 어떻게 되어 있는지 살펴본다. 이렇게 체계적으로 접근하면 시간과 비용을 절약할 수 있다.

예비 실사의 목적은 대상 기업 실질의 전반적인 사항을 파악하고, 거래를 제안할 가격을 산출하는 것에 있다. 실사의 90%는 이 예비 실사에서 진행된다고 보아도 무방하다. 재무제표를 포함하여 기업 운영의 기본이 되는 서류들을 모두 검토한다.

다만, 아직 거래가 체결된 것이 아닌 만큼 현 단계에서 기업의 정말 중대한 기밀을 보여주기에는 대상 기업에서 큰 부담이 될 수 있다. 그래서 이러한 요소들은 예비 실사에서 제외한다. 또한 시간 관계상 계약 서류 하나하나를 꼼꼼히 검토하기보다 대상 기업으로부터 전달받은 내용을 일단 사실이라 가정하고 가격 제안을 하는 경우도 있다. 이때 기밀 자료와 전달받은 내용의 사실 여부는 본 실사에서 추가로 검토하게 된다.

가치 분석

기존에 가지고 있는 정보와 실사를 통해 얻게 된 정보를 기반으로 가치를 분석한다. 과거 데이터에만 기반하여 기업의 몸값을 매기는 것이 아니라, 대상 기업의 현재와 미래를 모두 들여다보며 적정한 거래 가격의 범위를 찾아내는 작업이다.

실무에서 우리가 가장 많이 사용하는 방법이 현금 흐름 할인법(Discounted Cash Flow, DCF)이다. 이는 미래에 발생할 현금 흐름을 현재 가치로 환산하는 방법인데, 기업의 장기적인 수익 창출 능력을 평가하는 데 유용하다. 미래를 예측하는 것이기에 당연히 정확할 수는 없지만 좋은 기준점이 된다. 그 이외에도 유사한 기업이 이전에 얼마에 팔렸나를 기준으로 비교하는 방법도 있다.

의향서 전달

M&A에서 인수 의향서(LOI)는 말로만 오가던 대화를 처음으로 문서화하는 단계이다. 이 문서 하나로 이후 협상의 큰 틀이 결정된다고 볼 수 있다.

LOI에는 반드시 들어가야 할 내용들이 있다. 당연히 거래 금액이 가장 중요하다. 여기에 지급 조건, 거래 완료 시점, 거래 방식(주식으로 살 것인지, 현금으로 살 것인지) 등 구체적인 조건들도 담아야 한다. 이런 내용들이 이후 협상의 뼈대가 된다.

LOI는 협의에 따라 법적 구속력이 없게 작성할 수도 있고, 구속력이 있게 작성할 수도 있다. 법적 구속력이 없는 문서는 양쪽 모두 언제든 협상을 그만둘 수 있다. 초기 단계에서는 보통 이런 형태를 선택한다. 반면 구속적 LOI는 법적 효력이 있는 문서다. 한번 사인하면 그 조건들은 반드시 지켜야 한다. 당연히 변호사와 꼼꼼히 검토해야 한다. 실수 한 번으로 엄청난 손해를 볼 수 있기 때문이다.

본 실사

대상 기업이 의향서의 내용을 받아들이면, 본 실사를 진행한다. 본 실사에서는 새로운 것을 본다기보다 예비 실사에서 시간 관계상 보지 못했던 주요 사항들을 검토한다. 가령 대상 기업이 주요 거래처와 5년간 1,000억 원 규모의 계약을 수주했다고 한다면 그에 대한 계약 조항을 검토하게 되는 것이다.

만약 대상 기업이 전달한 정보와 다른 부분이 있다면 이는 최초 제시한 인수 금액에서 감액 사유가 되어 협상 시에 반영될 수 있다.

협상

M&A는 투자 행위다. 가치 분석을 통해 거래 대금의 기준점을 잡았다면 가능한 낮은 가격에 인수를 하는 것이 좋다. 대상 기업과 함께 가격을 포함한 여러 논의를 진행하며 본계약을 위한 최종안을 만들어가는 과정이다.

나는 협상을 49% 대 51%의 게임이라고 표현하곤 한다. 한쪽이 다른 쪽을 압도하는 것이 아니다. M&A는 자원의 효율적 배분을 위해 동일 자원으로 더 많은 효용을 발생시키는 것이고, 거래 당사자는 그 효용을 분배받는 셈이다. 상호 중요하게 생각하는 조건들을 교환하다 보면 서로 만족할 만한 합의에 이를 수 있다.

계약 체결

계약서를 작성하는 것은 그동안의 모든 협상 내용을 하나의 문서에 담아내는 중요한 작업이다. 이 단계에서 실수하면 그동안의 모든 노력이 물거품이 될 수 있다. 그래서 M&A의 계약서는 반드시 법무법인의 조력이 필요하다.

가장 중요하게 다루어야 하는 것이 바로 거래 조건이다. 얼마를, 어떻게, 언제 지급할 것인지를 명확하게 정하는 것이다. 현금으로 한 번에 지급할 수도 있고, 주식으로 교환할 수도 있으며, 때로는 이 둘을 섞어서 거래하기도 한다. 실적에 따라 추가 대금을 지급하는 방식도 자주 활용된다. 이를 업계에서는 '언아웃(Earn-out)'이라고 부른다.

계약서에는 선결 조건도 들어간다. 선결 조건은 계약서에서 특정 의무나 권리가 효력을 발휘하기 전에 충족되어야 할 조건을 말한다. 가령 기업 결합 심사의 승인을 선결 조건으로 둘 수 있다.

비밀 유지와 경업 금지 조항도 체크해야 한다. M&A 과정에서는 기업의 내밀한 정보들이 오가게 된다. 이런 정보들이 밖으로 새어 나가면 큰 문제가 될 수 있다. 또한 매도자가 돈을 받고 나서 바로 옆에서 같은 사업을 시작한다면, 이것도 문제가 될 수 있다. 그래서 이런 부분들을 계약서에 명확히 정해두는 것이다.

계약이 예상대로 진행되지 않을 때를 대비하여 종료 조항과 손해배상 조항도 넣어둔다. 가령 약속했던 조건이 지켜지지 않거나, 중대한 하자가 발견됐을 때 계약을 어떻게 끝낼 것인지를 미리 정해둔다.

클로징 실사

클로징 실사는 본 실사에서도 검토하지 못한 사항들에 관해 살펴보는 것이다. 계약은 이미 체결했지만 잔금을 지급하기 전, 한 번 더 꼼꼼히 살펴보는 것이다. 문제가 생길 경우 보통 계약 금액에서 5% 정도를 감액할 수 있도록 하는 것이 일반적이다.

계약할 때부터 추가적인 문제가 발견되면 잔금에서 차감하는 것으로 계약 시점에 협의하는 것이다.

딜 클로징 & 통합

딜 클로징은 잔금을 치르고 주식이나 자산의 소유권이 넘어가는, 말 그대로 거래가 완료되는 시점이다. 계약서에 명시된 잔금을 지급하고 주식을 이전한다.

클로징이 끝나면 바로 통합 작업(PMI)이 시작된다. 이제부터가 진정한 시작이라고 할 수 있다. 두 회사가 하나가 되어야 하는데, 이는 결코 간단한 일이 아니다. 새로운 운영 방식과 문화를 만들어내는 복잡한 작업이 필요하다. 인사 시스템을 통합하고, IT 환경을 맞추고, 재무 체계도 하나로 만들어야 한다. 인수 기업은 이 시점부터 본격적인 시작인 것이다.

10
M&A 대상 기업 선정의 기준

M&A에서 가장 중요한 것은 '적합한 회사'를 선택하는 일이다. 아무리 좋은 조건으로 인수하더라도 적합하지 않은 기업을 선택하면 오히려 독이 될 수 있다. M&A의 실패는 돈을 잃는 것을 넘어서, 대상 기업뿐 아니라 인수 기업의 근간까지도 흔들 수 있는 위험을 초래할 수 있기 때문이다.

실제로 M&A가 실패하는 경우를 보면, 인수 후에 기대했던 시너지는 찾아보기 어렵고 오히려 가지고 있던 것조차도 잃는 경우가 많다. 재무적 손실은 기본이고, 조직이 와해하거나 경영이 불안정해지는 등 더 심각한 문제로 이어지기도 한다.

전략적 적합성

대상 기업을 선정할 때 가장 먼저 살펴봐야 할 것이 전략적 적합성이다. 쉽게 말해 "이 회사가 우리 회사의 비전에 얼마나 잘 어울리는가?"를 꼼꼼히 따져보는 것이다.

M&A를 통해 기대하는 것 중 하나는 전략적 시너지 효과를 만들어내는 것이다. 단순히 기업을 크게 만드는 것이 아니라, 1+1이 2보다 큰 3이나 4가 되도록 하는 것이다. 기대했던 시너지가 나타나지 않으면 M&A는 오히려 돈만 쓰고 조직만 혼란스럽게 만들 수 있다.

구체적으로는 기존 사업과의 연관성, 새로운 시장 개척 가능성, 경쟁력 강화 측면을 면밀히 분석해야 한다.

먼저 '사업 연관성'을 살펴보는 것이 좋다. M&A에서는 인수하려는 기업이 우리 현재 사업과 얼마나 시너지를 낼 수 있는지가 중요하다. 사업 연관성이 높으면 기존에 가진 역량을 십분 활용할 수 있어 비용도 줄이고 시장 확장도 빠르게 할 수 있다. 예를 들어 자동차를 만드는 회사가 배터리 회사를 인수하면 전기차 시장에서 훨씬 더 강한 경쟁력을 가질 수 있다. 원가를 줄일 수 있을 뿐만 아니라, 배터리 기술을 자체적으로 확보하면서 제품 경쟁력도 한층 강화할 수 있기 때문이다.

'시장 확장 가능성' 또한 고려해 볼 수 있다. 인수를 통해 새로운 시장에 진출하거나 글로벌 시장으로 뻗어나갈 수 있다면 전략적으로 매우 적합하다고 볼 수 있다. 가령 국내 기업이 해외 현지 기업을 인수하면 그 나라 시장에 빠르게 발을 들여놓을 수 있다. 이미 현지에서 구축된 유통망과 브랜드를 활용할 수 있어 빠르게 시장에 진입하고, 시장의 유의미한 입지를 단기간에 확보할 수 있기 때문이다. 다만 단순히 '해외 기업'이라고 하여 덜컥 인수를 결정해서는 안 된다. 그 회사가 가진 현지 네트워크는 얼마나 되는지, 고객 기반은 어떤지, 현지 규제에 대한 대응 능력은 어떤지 등을 종합적으로 살펴봐야 한다.

'경쟁 우위 확보' 가능성도 고려해 볼 수 있다. M&A를 통해 경쟁사보다 더 강한 핵심 역량을 확보할 수 있다면, 장기적으로 시장 지배력을 키울 수 있다. 가령 AI 기술이 부족한 회사가 AI 스타트업을 인수하면 기술 경쟁력을 빠르게 확보할 수 있다. 이는 직접 기술을 개발하는 것보다 더 빠르고 효과적인 방법이 될 수 있다. 또한 경쟁사의 주요 고객을 가져올 수 있거나, 기존 제품의 차별성을 높일 기회가 된다면 전략적으로 매우 적합한 인수라고 평가할 수 있을 것이다.

기업 가치와 재무적 측면

다음은 재무와 관련된 사항이다. 재무적으로 불안정한 기업을 인수하면 인수 비용뿐만 아니라 추가적인 운영 자금이 필요해지고, 나아가 기존 사업의 재무 구조까지 악화할 수 있다. 따라서 기업 가치가 적정한지, 부채 부담은 어느 정도인지, 수익성과 현금 흐름이 안정적인지를 철저히 분석해야 한다.

우선, 기업 가치의 적정성을 평가해야 한다. 대상 기업이 시장에서 평가받는 가치와 실제 내재 가치가 일치하는지 확인하는 과정이다. EV/EBITDA(기업의 가치를 EBITDA로 나눈 것)나 PER(주가 수익 비율)과 같은 주요 지표들을 활용할 수 있다. 최근 M&A 사례와 비교해서 인수 대상 기업의 가격이 합리적인지도 보는 것이 좋다.

대상 기업의 부채 비율과 현금 흐름 분석도 필수적이다. 과도한 부채를 보유한 기업을 인수하면 인수 후 금융 비용이 증가하고 기업 운영에 부담이 될 수 있다. 일반적으로 부채 비율이 지나치게 높거나 이자 보상 배율(기업이 영업 이익으로 이자 비용을 얼마나 지급할 수 있을지를 보는 지표)이 낮은 기업은 재무적으로 취약하다고 판단할 수 있다. 또한 인수 대상 기업이 안정적인 현금 흐름을 유지하고 있는지도 확인해야 한다. 현금을 창출하는 능력이 부족한 기업은 지속적인 자금 투입이 필요할 수 있어 장기적인 재정 부담이 될 가능성이 높다.

최근 3~5년간 매출 증가율이 꾸준한지, 영업 이익률과 순이익률이 업계 평균 대비 경쟁력이 있는지를 평가하는 것도 좋은 방법이다. 매출이 지속적으로 성장하고 영업 이익률이 업계 평균보다 높다면 건강한 재무 구조를 갖추고 있다고 볼 수 있다. 반면 매출은 증가하지만 수익성이 낮다면, 비용 구조가 비효율적이거나 시장 내 경쟁력이 약화하고 있다고 볼 여지가 있다.

리스크

M&A로 기업이 휘청인 사례는 수도 없이 많다. 그리고 앞서 언급한 바와 같이 M&A는 딜 석세스 측면에서 성공률이 높지 않은 게임이다. 따라서 리스크에 대해서 많은 부분 검토가 필요하다. 아무리 좋아 보이는 기업을 인수하더라도 예상하지 못한 문제가 발생하면 효과가 반감되거나 심각한 경영 위기를 맞을 수 있다. 그래서 법적 규제 리스크, 조직 문화 충돌, 고객 및 시장 리스크 등을 미리 꼼꼼히 살펴보고 대응 방안을 마련해야 한다.

우선 법적 규제 리스크를 살펴보자. M&A가 법적 규제 기준을 충족하지 못하면 거래 자체가 무산되거나 나중에 큰 비용이 발생할 수 있다. 가장 대표적인 것이 독과점 문제다. 일정 규모 이상의 거래는 공정거래위원회의 승인을 받아야 하고, 특정 산업에서는 독과점 이슈로 거래가 제한될 수도 있다. 예를 들어 경쟁사를 인수해서 시장 내 독과점이 형성된다면, 공정거래법 위반으로 거래가 취소될 수 있다.

산업별 인허가 문제도 확인해 보는 것이 좋다. 금융이나 헬스 케어, 에너지처럼 규제가 강한 산업은 정부 승인 절차가 복잡할 수 있다. 특히 외국 기업을 인수할 때는 국가 안보 관련 법률이 적용될 수 있어서 사전 법률 검토가 꼭 필요하다. 노동법이나 환경 규제 관련

리스크도 꼼꼼히 살펴보는 것이 좋다. 대상 기업이 이런 법을 어긴 적이 있다면, 나중에 회사 이미지가 손상되거나 법적 분쟁으로 추가 비용이 발생할 수 있기 때문이다.

무엇보다 조직 융합이 잘될 것인지에 대한 고민이 필요하다. 실제로 M&A가 실패하는 주요 원인 중 하나가 바로 이 문제다. 인수 후에 기업 문화가 맞지 않으면 내부가 혼란스러워지고, 이는 생산성이 떨어지거나 좋은 인재들이 떠나는 결과로 이어질 수 있다. 그래서 대상 기업의 경영 스타일이나 의사 결정 방식, 근무 환경 등을 잘 살펴보고 조직을 어떻게 통합할지 미리 계획을 세우는 것이 좋다. PMI와 관련하여서는 뒤에서 조금 더 자세하게 다룰 예정이다.

11
M&A 목표가 명확해야 한다

"왜 우리는 이 회사를 사려고 하는가?"

이 질문에 명쾌하게 답할 수 없다면, 그 M&A는 이미 절반쯤 실패한 것이나 다름없다.

뻔한 이야기처럼 들릴 수 있다. 하지만 실무에서 보면 의외로 많은 기업이 기본적인 부분을 놓치고 있다. 마치 부동산 시장에서 "좋은 위치에 있으니 사두면 좋지 않을까?"라는 식으로 접근하는 것처럼 M&A를 진행하는 경우가 적지 않다.

그러나 M&A는 한 기업의 미래와 수많은 이해관계자의 운명이 걸린 중대한 선택이다. 따라서 "왜 하는가?"라는 질문에 대한 명확한 답, 즉 목표가 반드시 필요하다.

명확한 목표가 있으면 기업의 전략적 방향성을 확실히 할 수 있다. 예를 들어, 신기술 확보가 목표라면 R&D 역량이 뛰어난 회사를, 해외 시장 진출이 목표라면 현지 브랜드 파워가 강한 기업을 찾으면 된다.

또한 보다 효율적인 협상이 가능하다. 협상은 가격 이외에도 계약 조건, 지급 방식, 핵심 인력 유지 등 수많은 요소가 얽혀 있다. 이때 우리가 진정으로 원하는 것이 무엇인지 알고 있다면, 목표 달성과 거리가 먼 것들은 과감히 포기하고 정말 중요한 것에 집중할 수 있다.

가령 장기적 운영 비용 절감이 목표라면, 지급 방식에 대한 협상보다는 운영 구조 최적화에 더 많은 공을 들여야 할 것이다. 고용 승계 조건을 부분적으로만 받아들이는 것이 그 예시다.

목표가 있어야 성과 측정도 가능하다. '시장 점유율 10% 증가', '매출 500억 원 증대'와 같은 구체적인 목표가 있으면, M&A가 실제로 얼마나 성공적이었는지 판단하기 쉽다. 이는 마치 다이어트를 할 때 목표 체중을 정해 두는 것과 비슷하다. 명확한 비전이 있어야 진행 상황을 점검하고, 필요하다면 전략을 수정할 수 있다.

반대로 목표가 없다면 어떻게 될까? 아마도 단기적인 이익에 휘둘리거나, PMI 과정에서 방향성을 잃거나, 심지어는 성과 자체를 평가하기 어려워질 것이다.

목표는 기업의 상황에 따라 다양하지만 크게 재무적 목표와 비재무적 목표로 나누어 생각해 볼 수 있다.

먼저 재무적 목표를 살펴보자. 이는 M&A의 직접적인 성과를 측정하는 기준이 된다. 예를 들어 'M&A 후 5년 내 연 매출 1조 원 달성' 또는 '영업 이익률을 10%에서 15%로 끌어올리기'와 같은 구체적인 목표를 정할 수 있다. 비용 절감을 목표로 설정할 수도 있다. 비슷한 업무를 하는 조직을 하나로 합치고, 불필요한 운영 비용을 줄이며, 물건을 사고 만들어서 파는 전 과정을 효율화하면 상당한 비용을 아낄 수 있다. '중복되는 인력과 시스템을 통합해서 연간 500억 원 절약하기' 같은 목표가 여기에 해당한다.

다만 기업 활동은 변수가 많고 숫자로 추산하기 어려운 부분도 있기에 비재무적 목표를 함께 수립하여 병행할 수 있다. 가령 '기술과 지식재산권 확보'를 들 수 있다. 특히 요즘처럼 AI, 바이오, 클라우드 같은 첨단 기술이 중요한 시대에는, 이런 기술을 가진 기업을 인수하는 것이 미래를 준비하는 핵심 전략이 될 수 있다. 소프트웨어 기업이 AI 기업으로 나아가기 위해 '사업성 있는 AI 알고리즘 특허 확보하기'를 목표로 삼거나 제약 유통기업이 자체 상품 개발을 통해 수익성을 확대하기 위해 '바이오 신약 개발 능력 강화하기'와 같은 목표를 수립하는 것이 여기에 해당한다.

'핵심 인재 확보'를 전략으로 세울 수도 있다. 특히 기술 기업이나 연구 개발 중심 기업을 인수할 때는 핵심 인력이 계속 남아 있도록 하는 것이 중요하다.

12
우리 기업의 역량을 먼저 분석하자

M&A가 실패하는 큰 이유 중 하나는 바로 '우리 회사'에 대한 이해 부족이다. 자신을 제대로 이해하지 못한 상태에서 M&A를 하면 여러 가지 문제가 생긴다. 비효율적인 인수가 이뤄지거나, 시너지 효과가 기대에 미치지 못하고, 조직을 통합하는 과정에서 어려움을 겪을 수 있다. 시장에서 매력적으로 보이는 회사라고 해서, 그 회사가 우리와 잘 맞는다는 보장은 없다.

사람들은 익숙한 것을 알고 있다고 착각하는 경우가 있다. 물론 오랫동안 몸담아 온 회사인 만큼 우리 기업에 대해 남들보다 아는 것은 많겠지만 조금 더 체계적이고 전략적으로 분석을 한 후에 M&A 시장에 접근하는 것이 바람직하다. 그러면 어떠한 부분에서 전략적으로 우리 회사를 분석해야 할까?

회사 방향성에 대한 분석

먼저 우리 회사의 장기적 비전과 현재 회사가 가지고 있는 경쟁력에 대하여 분석해야 한다. 이는 M&A 전략 수립과도 관련성이 있다. 가령 단순 '기업 가치를 높이기'는 명확한 비전이라 할 수 없다. 보다 구체적이어야 한다. '100조 규모의 미국 ○○ 시장에 진입하기' 또는 '소프트웨어 기업에서 AI 기업으로 발돋움하기'와 같은 비전을 구체적으로 세워야 한다. 그리고 회사가 가진 경쟁력이 무엇인지와 약점은 무엇인지를 분석해야 한다. 예를 들어 우리가 강한 브랜드와 충성도 높은 고객을 가지고 있다면 이는 강점이다. 효율적인 공급망을 갖고 있고 원가 절감 능력이 뛰어나다거나, 높은 시장 점유율과 탄탄한 영업 네트워크를 가지고 있는 것도 강점이 될 수 있다. 반면에 기술력이 부족해서 혁신 제품을 만들어내기 어렵다거나, 글로벌 네트워크가 없어서 해외 진출이 힘들다거나, R&D 투자가 부족해서 제품 경쟁력이 떨어진다면 이는 약점이다. 이를 알아야 우리 회사에 적합한 대상 기업이 어떤 기업인지를 알 수 있다.

재무 사항에 대한 분석

다음은 우리 회사의 재무 상황에 대한 분석이다. 쉽게 말해 M&A에 돈을 얼마까지 쓸 수 있냐는 것이다. 이 분석이 제대로 이루어지지 않는다면, 감당할 수 없는 딜에 비효율적으로 비용을 지출할 수 있고, 혹은 인수에 성공하더라도 재무적 문제로 승자의 저주가 발생할 수 있다.

먼저 우리 회사가 가지고 있는 현금이나 바로 쓸 수 있는 자산이 얼마나 되는지를 봐야 한다. 그리고 추가로 돈을 빌리지 않고도 인수할 수 있는지, 만약 은행 대출이나 회사채 발행 같은 외부 차입을 활용한다면 재무적 부담이 어느 정도일지도 살펴보는 것이 좋다.

예를 들어 "지금 우리가 보유한 현금과 부채 비율을 고려했을 때, 3,000억 원 이내의 M&A는 감당할 수 있다"와 같은 구체적인 결론이 나와야 한다. "M&A를 위해 큰돈을 빌리더라도 나중에 어떻게든 되겠지" 같은 안일한 생각은 위험하다.

인수 대금뿐 아니라 인수 후에 발생하는 비용에 대해서도 함께 고려해야 한다. M&A는 회사를 사는 비용으로 끝나지 않는다. 인수 후에 두 회사를 하나로 만드는 통합 과정에서 추가 비용이 발생하고, 이를 감당할 수 있는지도 꼭 살펴봐야 한다.

가령 ERP나 CRM 같은 두 회사의 IT 시스템을 하나로 통합하는 데 꽤 큰 비용이 든다. 또 조직을 재편하는 데도 돈이 필요하다. 중복되는 인력을 조정하고, 직원들을 교육하고, 서로 다른 문화를 하나로 만드는 과정에서 다른 업무를 하지 못하고 이에 리소스를 집중해야 하는 기회 비용이 발생하는 것이다.

조직 문화와 인력에 대한 분석

다음은 조직 문화와 인력에 대한 분석이다. 여러 번 강조했듯 기업은 유기체이며 사람이 가장 중요하다. 대상 기업과 우리 기업이 시너지를 잘 내기 위한 전략을 수립할 것이라면, 당연히 우리 기업의 조직 문화를 점검하는 것이 먼저다. 특히 의사 결정 방식, 업무 수행 방식, 그리고 내부 소통 방식을 잘 살펴봐야 한다. 이걸 제대로 파악하지 않고 다른 문화를 가진 회사를 인수하면, 나중에 여러 가지 문제가 생길 수 있기 때문이다.

먼저 우리 회사의 업무 수행 방식을 봐야 한다. 위에서 아래로 명령이 내려오는 수직적인 구조인지, 아니면 구성원들이 자유롭게 의견을 내는 수평적인 구조인지를 정확히 알아야 한다. 예를 들어 우리 회사가 상명하복이 강한 조직인데 자율성을 중시하는 스타트업을 인수하면 어떻게 될까? 아마 의사 결정 방식이 충돌하면서 여러 가지 갈등이 생길 것이다. 반대로 빠른 실행과 혁신을 강조하는 우리 회사가 보수적인 회사를 인수하면, 결정이 너무 늦어져서 시너지를 내기 어려울 수 있다.

우리 회사가 성과를 중심으로 움직이는지, 아니면 연공서열을 중요하게 여기는지도 살펴보는 것이 좋다. 성과 중심 조직이라면 목표 달성과 그에 따른 인센티브가 중요하고, 보상 체계도 유연하게 운영된다. 반면에 연공서열 중심이라면 오래 일한 사람을 중요하게 여기고 내부 승진을 강조한다. 만약 우리가 철저한 성과주의 회사인데 연공서열이 강한 회사를 인수하면 평가 방식과 보상 체계가 달라서 통합 후에 갈등이 생길 가능성이 크다.

내부 소통 방식도 고려해야 한다. 회사마다 정보를 공유하고 소통하는 방식이 다르고, 이는 협업이나 의사 결정에 큰 영향을 미친다. 우리 회사가 명확한 지침과 절차에 따라 움직이는지, 아니면 좀 더 유연하고 자유롭게 소통하는지 살펴봐야 한다. 예를 들어 대기업은 보통 공식적인 보고 체계를 중요하게 여기지만, 스타트업이나 IT 기업은 빠른 의사 결정을 위해 좀 더 자유로운 소통 방식을 선호한다. 이런 차이를 미리 파악하지 못하면, 나중에 직원들이 협업하는 과정에서 어려움을 겪을 수 있다.

추가로 시스템적 통합이 잘 이루어질지를 사전에 알아보기 위해서는 내부 운영 시스템과 기술적 측면에 대해 분석하는 것도 도움이 된다. 예를 들어 우리는 SAP로 ERP를 쓰고 있는데, 인수하려는 회사는 자체 개발한 시스템을 쓰고 있다면 이를 하나로 통합하는 데에 추가적인 시간이 걸릴 것이다. 또 영업이나 공급망 운영 방식이 완전히 다르다면, 기존 시스템을 그대로 두는 것도 쉽지 않다. 인수 이후의 통합 비용을 고려하기 위해서는 우리 회사의 시스템을 전반적으로 분석해 보는 것이 좋다.

결국 M&A의 성공 여부는 '나'를 얼마나 잘 아는지에 달려 있다고 해도 과언이 아니다. 우리 기업의 상황을 제대로 파악하고 있어야만, 그에 맞는 적절한 M&A 전략을 수립할 수 있기 때문이다.

13
큰 꿈을 가지고 작은 기업을 사라
(Think Big, Buy Small)

　M&A를 하는 사람들의 기대 중 하나는 인수 직후에 기업 가치가 크게 확장되는 것이다. 가령 '내가 이것만 사면 재계 몇 위인데….'와 같은 개인적 욕망이 될 수도 있고, 목표까지의 시간을 단축하거나 해당 산업의 선두 주자를 인수하며 투자자들에게 큰 도약에 대한 기대를 품게 하는 전략적 선택일 수도 있다. 그러나 나는 개인적으로 꿈은 크게 가지되, 인수는 작게 하는 방향이 딜 석세스의 확률을 높인다고 설명하며 지속적으로 권하고 있다.

소규모 M&A는 PMI(인수 후 통합 과정)에 크게 유리하다. 강조하건대, M&A에서는 사람이 핵심이다. 그리고 인수 후에 두 조직을 얼마나 잘 하나로 만드느냐가 딜 석세스를 만드는 데 주요하게 작용한다. 큰 규모의 M&A가 실패하는 주요 이유 중 하나가 바로 조직이 클수록 통합이 어렵다는 점이다. 이는 우연이 아니라, 조직이 크고 복잡할수록 통합 과정에서 자연스럽게 생기는 문제다.

큰 기업을 인수하면 조직 안에 기존 시스템과 관행이 단단하게 자리 잡고 있어서 변화를 싫어할 가능성이 크다. 직원이 많을수록 각자의 이해관계가 복잡하게 얽혀 있고, 일하는 방식이 굳어져 있어서 새로운 조직 문화를 받아들이기 어려울 수 있다. 또 큰 기업은 조직 구조가 복잡하고 의사 결정 과정이 길어서, 인수 후의 변화에 빠르게 적응하지 못하는 경우가 많다.

규모 있는 기업의 M&A에서 자주 발생하는 문제는 인수된 기업의 핵심 인재들이 조직이 바뀌는 것에 지치고 불안해서 떠나버리는 것이다. 이렇게 좋은 인재들이 빠져나가면, 기대했던 시너지도 크게 줄어들 수 있다.

반면에 작은 규모의 M&A는 이런 문제가 상대적으로 적게 생긴다. 작은 기업은 상대적으로 유연하고, 변화에 잘 적응하며, 의사 결정도 빨라서 통합을 빠르게 진행할 수 있다. 작은 규모의 M&A는 이런 방식으로 빠르게 조직을 통합하면서도 핵심 인재와 기업 문화를 지키는 데 유리하다. 한편으로 혁신적인 기술이나 새로운 사업 모델을 가진 기업을 인수할 때는, 큰 기업 조직과 바로 합치기보다는 독립적으로 운영하면서 천천히 시너지를 만들어가는 게 더 효과적일 때가 많다.

또 다른 장점은 투자 대비 수익률을 극대화할 수 있다는 것이다. 앞서 말했듯, M&A는 투자 대비 효용을 극대화해야 하는 경영 활동이다. 아무리 전략적으로 좋아 보이는 인수 기회라도, 비용이 너무 많이 들거나 기대한 만큼 수익을 내지 못하면 성공적인 M&A라고 할 수 없다. 특히 큰 규모의 M&A는 엄청난 자금이 필요하고, 단순히 회사를 사는 비용 외에도 법적, 재무적, 운영적으로 통합하는 과정에서 추가 비용이 계속 발생한다. 반면에 작은 규모의 M&A는 상대적으로 적은 비용으로 기업을 인수할 수 있고, 인수 후 빠르게 성장시켜서 높은 투자 수익률(Return on Investment, ROI)을 기대할 수 있다.

필자의 실제 M&A 경험으로는 작은 사이즈로 기업을 인수해 큰 파이를 만든 대표적인 기업들이 있다. SPC그룹의 경우, 주식회사 밀다원이라는 작은 밀가루 회사를 인수한 후 국내 굴지의 밀가루 제조 회사로 성장시켰다. 특히 캡티브 마켓(Captive Market, 하나의 회사가 독점적 혹은 과점적 위치를 점하고 있는 시장)을 가지고 있는 경우는 더욱 유리하다.

14
동종 업계 인수가 유리하다

이전에는 대기업들을 중심으로 여러 산업에 동시에 진출하는 '문어발식 인수' 전략을 많이 썼다. 이렇게 하면 기존 사업의 영역을 넘어 새로운 성장 동력을 확보하고, 빠르게 시장에 진입할 수 있었다.

하지만 최근에는 산업이 점점 더 복잡해지면서 다른 업계로 진출하는 게 더 어려워지고 있다. 새로운 산업을 제대로 이해하지 못하거나, 기술 격차가 크거나, 조직 문화가 너무 달라서 통합이 어려운 경우가 많고, 실패할 확률도 상대적으로 높다. 반면에 같은 업계 안에서

M&A를 하면 시너지를 최대한 끌어내고, 기존의 시장 지배력을 더 강화할 수 있다는 전략적 장점이 있다. 그래서 동종 업계 혹은 비슷한 업계의 인수를 더 권하는 편이다.

가장 강조하고 싶은 것은 역시 PMI 측면이다. 같은 업계 기업들은 조직 문화도 비슷하고, 사업 모델도 비슷하고, 일하는 방식도 비슷하기 때문에 통합하는 과정에서 부딪힐 일이 적고, 기존 시스템과도 잘 맞출 수 있다. 반면에 전혀 다른 업계의 기업을 인수하면 일하는 방식이 다르고, 고객층이 다르고, 공유하는 지식 수준도 달라서 통합하는 데 시간이 오래 걸리고 실패할 가능성도 높아진다.

예를 들어 IT 기업이 식품 기업을 인수하는 경우를 생각해 보자. IT 기업은 보통 의사 결정이 빠르고, 유연한 방식으로 일하며, 데이터를 중심으로 경영한다. 반면에 식품 기업은 실제 공장이나 유통망을 기반으로 운영하고, 전통적인 제조업 방식으로 경영하며, 품질 관리나 규제를 엄격하게 지켜야 한다. 이렇게 다른 두 산업에 종사하던 기업들이 합쳐지면 경영 방식이 달라서 충돌이 생기고, 기술적인 접근 방식도 맞지 않아서 여러 가지 문제가 생길 수 있다.

IT 기업이 프리미엄 유기농 식품 브랜드를 산다고 생각해 보자. IT 기업은 데이터를 기반으로 최적화된 운영 방식을 선호하고 빠른 변화를 추구할 가능성이 높다. 하지만 식품 기업은 전통적인 방식으로 제품을 만들고 품질을 중요하게 여기며, 변화보다는 안정성을 선호할 것이다. 이런 상황에서 IT 기업이 데이터 분석을 바탕으로 제품 생산이나 마케팅 전략을 빠르게 바꾸려고 하면 기존 식품 기업의 방식과 충돌할 가능성이 크다. 또 IT 기업이 온라인 플랫폼의 고객 데이터를 활용해서 맞춤형 마케팅을 하려고 해도, 식품 업계의 고객들은 여전히 기존 유통 채널과 브랜드에 대한 신뢰를 더 중요하게 생각할 수 있다. 이런 차이들은 두 기업이 시너지를 내기 어렵게 만들고, 통합하는 과정에서 갈등을 일으킬 수 있다.

반면에 같은 업계의 기업을 인수하면 이런 문제를 최소화할 수 있다. 같은 업계의 기업들은 비슷한 문화와 운영 방식을 가지고 있고, 비슷한 고객층을 상대하기 때문에 PMI 과정에서 혼란이 덜하다. 예를 들어 큰 유통 기업이 작은 유통 체인을 인수하는 경우, 물류 시스템이나 유통망을 통합하는 데 큰 어려움이 없을 것이고, 브랜드 전략도 비슷한 방향으로 맞출 수 있다. 이런 점에서 동종 업계 간의 인수는 PMI 위험을 줄이고, 더 원활하게 통합할 수 있게 해준다.

운영 비용을 줄일 수 있다는 점도 유리한 부분이다. 같은 업계의 기업을 인수하면 생산 시설이나 물류 네트워크, IT 시스템, 연구 개발 투자 등을 하나로 합칠 수 있다. 이렇게 하면 중복되는 비용을 줄이고 자원도 더 효율적으로 활용할 수 있다.

예를 들어 항공사 간 M&A를 진행하는 경우를 보자. 두 회사가 따로 정비 시설을 운영할 필요 없이 함께 사용할 수 있고, 비슷한 노선을 더 효율적으로 운영할 수 있다. 또 예약 시스템도 하나로 통합해서 운영 효율을 최대한 높일 수 있다. 유통업에서도 마찬가지다. 물류센터를 통합하고 물건도 더 큰 규모로 한꺼번에 구매할 수 있어서 원가를 낮출 수 있다. 그러면 결국 소비자들에게 더 저렴한 가격으로 상품을 제공할 수 있게 된다.

　매출을 효율적으로 늘릴 수 있는 것도 동종 업계 M&A의 중요한 장점이다. 기존에 가지고 있던 유통망과 고객층을 활용해서 인수한 기업의 제품이나 서비스를 더 널리 알릴 수 있다. 또 두 기업의 브랜드가 협력하고 서로의 제품을 교차로 판매하면서 추가로 매출을 늘릴 수도 있다. 예를 들어 나이키가 다른 스포츠 브랜드를 인수하면 어떻게 될까? 기존의 유통망을 통해 더 다양한 제품을 소비자들에게 선보일 수 있고, 고객들이 더 오래 우리 제품을 찾게 만들 수 있다.

　또한 시장 점유율을 높여서 경쟁력을 강화하는 데도 매우 효과적이다. M&A로 경쟁사가 줄어들면 자연스럽게 시장에서 우리의 영향력이 커진다. 또 규모가 커지면서 더 강력한 가격 경쟁력도 가질 수 있다. 디즈니가 21세기 폭스를 인수한 사례를 보면 디즈니는 영화와 TV 콘텐츠 시장에서 훨씬 더 높은 점유율을 차지하게 됐고, 넷플릭스 같은 스트리밍 서비스와 경쟁할 때도 더 강한 힘을 발휘할 수 있게 됐다.

　필자가 실제 행한 M&A 경험으로는 국내에서는 대상그룹과 SPC그룹이 동종 업계 인수에서 가장 성공적인 기업들이 아닌가 생각한다.

15
인수 대상 기업이 속한 산업을 먼저 분석하자

    M&A는 우리 회사의 장기 비전에 합치하는 기업을 인수하는 게 중요하다. 어떤 회사가 지금 높은 수익을 내고 있더라도, 그 산업 자체가 내리막길이거나 장래가 밝지 않다면 장기적으로 좋은 성과를 기대하기 어렵다. 반대로 지금 당장은 재무적으로 불안정한 회사라도 빠르게 성장하는 산업에 있다면, 나중에 높은 수익을 낼 가능성이 크다.

    이제 산업을 어떻게 분석해야 하는지 자세히 살펴보자. 가장 먼저 봐야 할 것은 산업의 성장성과 경쟁 구조다. 그 산업이 계속 성장하고 있는지, 아니면 정체되거나 쇠퇴하고 있는지에 따라 M&A 전략도 달라질 수밖에 없다.

성장하는 산업에서는 기업 가치가 다소 높더라도 시장을 빨리 선점하기 위해 공격적인 M&A를 고려해 볼 수 있다. 반면에 성장이 둔화된 산업에서는 수익성과 효율성을 최대한 높이는 방향으로 인수를 진행하는 것이 바람직하다. 예를 들어 전통적인 제조업은 산업 자체의 성장이 정체되어 있어서 전통적 기업 분석 방식인 PER과 같은 수치를 이용하여 의사 결정에 도움을 받을 수 있다. 그러나 AI나 바이오, 핀테크처럼 빠르게 성장하는 분야에서는 대상 기업의 전통적 지표에 따른 재무적 상황이 다소 긍정적이지는 않더라도 기술과 같은 사항을 보고 과감히 투자를 진행할 수도 있는 것이다. 그래서 M&A 대상을 고를 때는 그 산업이 앞으로 5~10년 동안 어떤 성장 곡선을 그릴지를 분석하는 게 매우 중요하다.

산업마다 어떤 리스크가 있는지 미리 파악하는 것도 도움이 된다. 산업별로 직면한 위험이 다르고, 이걸 제대로 보지 않으면 M&A 후에 예상치 못한 문제를 만날 수 있다. 가령 규제 이슈, 기술 변화 속도, 공급망 리스크 등이 있다.

특히 규제가 중요한 산업이라면 정부 정책이나 법률이 어떻게 바뀔지를 예측해 보아야 한다. 예를 들어 핀테크 기업을 인수할 때는 금융 규제나 개인 정보 보호법 같은 것들을 잘 살펴봐야 한다. 반도체 산업에서 M&A를 하려면 글로벌 공급망이 어떻게 변하고 정부 지원 정책이 기업 운영에 어떤 영향을 미칠지 분석해야 한다.

프레임워크 PESTLE

산업의 성장성을 분석할 때는 'PESTLE'이라는 도구를 활용할 수 있다. 이건 산업을 둘러싼 여러 환경을 체계적으로 분석하는 방법이다. 정치(Political), 경제(Economic), 사회(Social), 기술(Technological), 법률(Legal), 환경(Environmental). 이렇게 여섯 가지 측면에서 산업에 영향을 미치는 요소들을 종합적으로 살펴보는 것이다. 이걸 통해 정부 정책이나 규제가 산업을 어떻게 변화시키는지, 세계 경제 상황이 시장 수요에 어떤 영향을 미치는지, 새로운 기술이 산업 구조를 어떻게 바꾸고 있는지를 살펴볼 수 있다.

정치적 요인은 정부의 정책과 규제를 말한다. 이건 산업이 얼마나 성장할 수 있을지를 결정하는 매우 중요한 요소다. 특히 산업별로 어떤 지원을 해주는지, 수출입은 어떻게 규제하는지, 독과점은 어떻게 막는지 같은 것들이 M&A 후에 기업의 경쟁력에 큰 영향을 미친다. 가령 전기차 산업을 보면 정부가 친환경차 지원금을 늘리면서 배터리를 만드는 회사나 충전소를 운영하는 기업의 가치가 올라갔던 사례를 생각해 볼 수 있다.

경제적 요인도 매우 중요하다. 금리가 오르내리고, 환율이 변하고, 경기가 좋았다 나빴다 하는 것들이 산업의 수익성과 투자 전략에 큰 영향을 준다. 예를 들어 금리가 오르면 기업이 돈을 빌리는 데에 더 큰 비용이 들고, 경기가 안 좋아지면 사람들이 지갑을 닫으면서 특정 산업의 매출이 크게 떨어질 수 있다. 소비재 산업을 예로 들면, 경기가 안 좋을 때는 비싼 명품보다 가성비 좋은 제품이 더 잘 팔릴 수 있다.

사회적 요인은 소비자들의 행동 변화나 인구 구조 변화와 같은 요소를 말한다. 이런 변화들이 산업의 수요 패턴을 크게 바꾸기도 한다. 예를 들어, 한때 ESG 경영이 중요해지면서 환경을 생각하는 소비가 늘었다. 그러나 트럼프 2기 시대에 접어들면서 ESG의 중요성은 다소 축소될 전망을 보인다.

해당 산업의 기술이 얼마나 빠르게 발전하고 어떤 방향으로 혁신이 일어나고 있는지도 중요한 요소이다. 특히 AI나 클라우드, 자율 주행, 바이오테크 같은 산업은 기술이 매우 빠르게 변하기 때문에 경쟁력을 유지하기 위한 전략이 같이 수립되어야 한다.

환경적 요인도 산업이 앞으로도 지속될 수 있을지를 가늠하는 중요한 잣대다. 기후 자체가 산업에 영향을 줄 수도 있고, 정치적 문제와 연관되어 영향을 주게 될 수도 있다.

마지막으로 법률적 요인도 산업 실사 시에 검토해야 한다. 독과점을 막는 규제, 노동자를 보호하는 법률, 기업 인수를 규제하는 법률이 바뀌면 M&A가 성사될 수 있을지, 또 인수 후에 기업을 어떻게 운영할 수 있을지가 크게 달라진다. 어떤 산업에서는 M&A를 할 때 반드시 공정거래위원회의 승인을 받아야 하고, 특히 해외 기업을 사려고 할 때는 나라마다 다른 법적 요건을 모두 충족해야 한다.

프레임워크 FIVE FORCES ANALYSIS

산업의 경쟁도를 분석할 때는 'FIVE FORCES ANALYSIS'라는 프레임워크를 활용할 수 있다. 이는 하버드 대학교 마이클 포터 교수가 1979년에 발표한 모델로 지금까지도 활용되고 있다.

이 프레임워크는 다섯 가지의 관점에서 경쟁 강도를 분석하고 있다. 기존 경쟁 강도(Internal competition), 신규 진입자 위협(Potential for new entrants), 대체재 위협(Ability of customers to find substitutes), 공급자의 협상력(Negotiating power of suppliers), 고객의 협상력(Negotiating power of customers)이다.

먼저 기존 기업 간 경쟁 강도를 살펴보자. 산업 안에 경쟁 기업이 많고 시장 점유율이 골고루 나뉘어 있다면, 가격 경쟁이 심해지면서 기업의 수익성이 떨어질 가능성이 크다. 반면에 몇몇 큰 기업이 시장을 나눠 가지고 있다면 경쟁이 덜해서 상대적으로 안정적인 시장이 될 수 있다. 예를 들어 석유 시추 산업은 몇몇 큰 회사들이 시장을 지배하고 있어서 경쟁이 덜한 반면, 온라인 쇼핑몰 산업은 수많은 기업이 가격과 마케팅으로 치열하게 경쟁하고 있다. M&A를 하려는 기업은 인수 후에 그 산업에서 남들과 다른 경쟁력을 가질 수 있을지 살펴봐야 하고, 특히 경쟁이 치열한 시장이라면 비용을 줄이고 차별화하는 전략이 꼭 필요하다.

신규 진입자 위협은 어떤 산업에 새로운 기업이 쉽게 들어올 수 있다면, 인수를 하고 나서도 계속해서 경쟁 압박을 받을 수 있다는 것이다. 반면에 진입 장벽이 높은 산업이라면 기존 기업이 안정적으로 시장 지위를 유지할 가능성이 크다. 제약 산업이나 방산 산업은 연구 개발 비용도 많이 들고 정부 규제도 강해서 새로운 기업이 진입하기 어렵다. 하지만 음식 배달 플랫폼이나 온라인 콘텐츠 산업처럼 진입 장벽이 낮은 시장은 새로운 경쟁자가 계속해서 나타날 수 있다.

대체재 또한 산업의 경쟁력을 결정하는 중요한 요소다. 대체할 수 있는 제품이나 서비스가 등장하면 기존 기업의 시장 수요가 줄어들 수 있고, 이런 위협이 크면 장기적으로 성장하기 어려울 수 있다. 전통적인 호텔 산업은 에어비앤비 같은 공유 숙박이 등장하면서 시장 점유율이 위협받았고, 택시 산업도 우버나 카카오택시 같은 모빌리티 플랫폼이 나오면서 큰 변화를 겪고 있다. 반면에 전기나 의료 서비스처럼 대체하기 어려운 산업은 기존 기업들이 계속해서 시장을 지킬 가능성이 높다.

산업 내 공급자의 협상력도 잘 봐야 한다. 산업에 원자재나 부품을 공급하는 업체가 시장에서 강한 협상력을 가지고 있다면, 기업은 원가가 올라가는 부담을 안게 되고 이는 수익성이 나빠지는 결과로 이어질 수 있다. 가령 GPU 칩처럼 소수의 글로벌 공급 업체가 시장을 독점하고 있으면, 해당 부품을 이용하는 기업은 원자재를 구하는 데 불리한 입장에 놓이게 된다. 반면에 패스트푸드 산업처럼 원재료를 공급하는 업체가 많은 시장에서는 기업이 유리한 협상력을 가질 수 있다.

마지막으로 고객의 협상력을 살펴봐야 한다. 소비자가 가격 협상력을 가지면 기업의 마진율이 낮아질 수 있다. 예컨대 고객이 많고 분산되어 있는 시장에서는 개별 소비자의 협상력이 약하지만, 큰 고객이 시장을 지배하는 산업에서는 고객의 협상력이 매우 강해질 수 있다.

한편 필자의 견해로는 가능한 한 해당 업종의 1위나 2위 업체로 M&A 하는 게 바람직하다고 본다. 이런 경우는 특별한 상황이 발생하여도 그 지위가 쉽게 변하지 않기 때문이다. 과거 우리나라 업체들이 했던 M&A 중, ㈜삼익악기가 세계적 브랜드인 스타인웨이(STEINWAY) 피아노를 인수한 경우, 그리고 국내 스포츠의류 회사인 휠라(FILA) 코리아가 이탈리아에 있는 휠라 본사를 인수한 경우가 있다. 그리고 국내 사모펀드가 세계적인 골프공 브랜드인 타이틀리스트(Titlelist)를 인수한 경우가 여기에 해당하겠다.

16
대상 기업 실사 시 체크 사항

M&A를 할 때에 진행하는 실사는 크게 대상 기업이 속한 산업 전체의 흐름을 보는 산업 실사와 대상 기업에 대한 실사로 나눌 수 있다. 여기서는 후자에 대해서 이야기하고자 한다.

M&A 규모에 따라 다르지만, 대상 기업에 대한 실사는 세 가지 단계로 나뉜다. 예비 실사와 본 실사 그리고 클로징 실사다. 예비 실사는 기업의 전반적인 자료, 가령 재무와 인사 자료 등을 검토한다. 실사로 검토하는 요소의 90%는 예비 실사에서 파악하게 되며, 이를 기

반으로 인수 가격의 범위를 산정하게 된다.

본 실사에서는 예비 실사에서 검토하지 못한 10%에 대해서 검토를 진행하는데, 대상 기업의 기밀과 같은 요소들이 이에 해당한다. 새로운 정보를 검토하는 것이 아니라, 예비 실사 단계에서 대상 기업이 언급하거나 제시했던 항목들에 대해 검토를 하게 된다. 가령 예비 실사 단계에서 대상 기업이 A 기업과 1,000억 원의 계약을 맺었다고 전달했다면, 인수 제안서에는 해당 부분을 반영하여 가격을 제안하고, 본 실사에서 대상 기업의 말이 사실인지를 판단하게 된다. 만약 추가적인 리스크가 본 실사에서 발견된다면 최초 제안한 금액에서 가격을 조정하게 되는 것이다. 필요에 따라서, 그리고 대상 기업의 협상력이 클수록 본 실사는 구매에 대한 법적 책임이 있는 바인딩(Binding) MOU를 체결한 상태에서 볼 가능성이 높다. 그리고 클로징 실사는 본 계약 이후에 조금 더 꼼꼼하게 항목들을 검토하는 것이다.

결국 대상 기업을 실사하는 상황에서 가장 중요한 기반이 되는 것은 예비 실사다. 다만 실사는 제한된 시간 안에서 빠르고 정확하게 진행되어야 하므로, 모든 정보를 검수한다기보다는 중요도에 따라 검토하게 된다. 이번 장에서는 예비 실사 과정에서 어떤 것들을 주요하게 봐야 하는지를 설명하고자 한다.

맨파워에 대한 실사

맨파워(Man Power) 실사는 쉽게 말해 '사람'을 들여다보는 일이다. 기업의 실체는 결국 사람이고, M&A 후에도 그 사람들과 함께 가야 하기 때문에 이 부분은 특히 중요하다.

먼저 조직의 구조와 사람들을 살펴보자. 누가 핵심 멤버인지, 어떤 역할을 하고 있는지 파악하는 것이 첫 단계다. 특히 주요 의사 결정을 하는 사람들이나 특별한 전문성을 가진 인재들은 회사 운영에 없어서는 안 될 존재들이다.

여기서 주의해야 할 점은 혹시 특정 인물에게 너무 많은 것을 의존하고 있지는 않은지를 살펴봐야 한다는 것이다. 마치 원맨쇼처럼 한 사람이 모든 것을 쥐고 있는 구조라면 위험하다. 그 사람이 회사를 떠나거나 역할이 바뀌면 회사 전체가 흔들릴 수 있기 때문이다.

경영진에 대해 이해하는 것도 중요하다. 이들은 M&A 후에 변화를 이끌어갈 수도 있고, 반대로 발목을 잡을 수도 있다. 그래서 경영진이 어떤 철학을 가졌는지, 의사 결정은 어떻게 하는지, M&A에 대해서는 어떻게 생각하는지 잘 살펴봐야 한다.

또한 노조가 있다면 단체 협약의 내용을 살펴보고, 노조가 어떤 요구 사항을 가졌는지 분석해야 한다. 과거에 노사 분쟁은 없었는지, 있었다면 회사에 어떤 영향을 미쳤는지도 확인해야 한다. 노사 갈등이 자주 발생했다면 조직이 불안정하다는 신호일 수 있고, M&A 이후 통합 과정에서도 문제가 될 수 있다.

업무 시스템도 검토하는 것이 좋다. 업무가 얼마나 체계적으로 관리되고 있는지, 문서화는 잘 되어 있는지 봐야 한다. 또 하나 놓치지 말아야 할 것이 바로 기업 문화다. 수평적인 문화를 가진 회사와 수직적인 회사가 만나면 어떻게 될까? 이런 차이는 나중에 큰 갈등으로 이어질 수 있다. 정성적인 측면에서 들여다보아야 하는 요소들이 많다. 그 때문에 가능하다면 대상 기업의 사람들과 깊은 이야기를 나누어보는 것이 중요하다.

맨파워 실사는 수치화하기 어려운 부분으로, 특히 노조가 있는 경우 회사에 근무했던 직원이나 노조 구성원들과의 면담을 통해서 회사 특이 사항에 대한 의견을 들어보는 것도 좋은 방법의 하나다.

재무에 대한 실사

재무 실사에서는 보통 3~5년 정도의 재무제표를 들여다보게 된다. 가장 먼저 회사의 매출과 비용 구조를 분석해야 한다. 매출이 얼마나 꾸준히 늘어나고 있는지, 특정 사업이나 고객에게 너무 많이 의존하고 있지는 않은지 확인한다. 비용 면에서는 원가나 운영비, 감가상각비 같은 주요 항목들이 효율적으로 관리되고 있는지 살펴봐야 한다.

수익성도 중요하다. 영업 이익률이나 순이익률 같은 지표를 통해 회사가 얼마나 돈을 잘 벌고 있는지 평가한다. 안정적으로 수익을 내는 회사라면 M&A 후에도 좋은 성과를 낼 가능성이 크다. 반면 매출은 늘어나는데 비용이 불안정하거나 수익성이 낮다면, 이를 개선할 방안을 찾아야 할 것이다.

또한 부채가 얼마나 있는지, 이자는 잘 갚을 수 있는지를 살펴보면 회사의 재정 안정성을 파악할 수 있다. 특히 곧 갚아야 할 부채가 많거나 이자가 높은 대출이 있다면, 이는 인수 후에 부담이 될 수 있다.

자산 관리 측면에서는 회사가 가진 부동산이나 기계 장비 같은 유형 자산, 특허나 상표권 같은 무형 자산이 법적으로 문제없이 보호받고 있는지 봐야 한다. 또 이런 자산의 가치가 현실적으로 평가되어 있는지도 확인해야 한다. 가령 기계의 교체 주기가 20년인데 19년째 사용 중이면서 이에 대한 감가가 반영되지 않았다면, 이는 위험 요소가 될 수 있다.

현금 흐름을 보는 것도 빼놓을 수 없다. 영업, 투자, 재무 활동에서 돈이 어떻게 들어오고 나가는지 분석해야 한다. 예를 들어 영업 활동에서 현금이 계속 마이너스라면, 이는 회사가 기본적인 수익 창출에 어려움을 겪고 있다는 신호일 수 있다.

법률에 대한 실사

법률 실사의 핵심은 대상 기업이 가진 법적 리스크를 찾아내는 것이다. 법률 실사의 경우 법무법인이 맡아서 진행하는 경우가 많다. 다만 효율적인 실사를 위해서는 "알아서 해주세요." 보다는, 이번 M&A

전략상 목적의 달성과 관련도가 깊은 부분을 인수 기업이 설정하고, 그 방향성을 법무법인에 전달해 주는 것이 좋다.

먼저 거래처나 협력사와 맺은 계약부터 꼼꼼히 들여다봐야 한다. 계약이 언제 끝나는지, 자동으로 연장되는 조건은 무엇인지, 계약을 끝낼 때는 어떤 절차가 필요한지, 문제가 생기면 배상은 어떻게 하는지 등을 확인해야 한다. 만약 회사에 불리한 계약 조건이 있거나, 특정 계약에 너무 많이 의존하고 있다면 이는 위험 요소가 될 수 있다.

진행 중인 소송이나 앞으로 생길 수 있는 법적 분쟁도 중요하다. 어떤 소송이 걸려 있는지, 상대방은 누구인지, 돈은 얼마나 들어갈지, 사건이 어디까지 진행됐는지 자세히 봐야 한다. 과거에도 비슷한 법적 문제가 있었는지도 살펴봐야 한다. 한 번 발생한 문제는 반복될 가능성이 높다.

규제 준수 여부도 법률 실사의 중요한 부분이다. 독과점 금지법이나 공정 거래법을 잘 지키고 있는지 확인해야 한다. 만약 이런 법을 어겨서 시정 명령을 받거나 벌금을 물은 적이 있다면, 이는 회사의 신뢰도와 재무 상태에 좋지 않은 영향을 미칠 수 있다.

해당 산업에서 요구하는 규제 사항과 면허와 관련 사항이 있다면 이것도 살펴봐야 한다. 금융업이나 제약업 같은 경우는 규제가 특히 까다롭다. 필요한 면허나 인증을 모두 가졌는지, 곧 만료되는 면허는 없는지, 갱신은 제때 하고 있는지 확인해야 한다.

지식재산권 측면에서는 특허, 상표, 저작권 같은 것들이 제대로 등록되어 있고 보호받고 있는지 봐야 하며 분쟁 구도를 유발하는 당사자가 있는지도 검토하는 것이 좋다.

또한 M&A를 진행할 때 양자 간 타결을 보았더라도 인수 계약이 무효로 되는 경우가 있다. 특정 세부 분야에만 적용되는 특별법이 있는 경우도 있으나, 우선 전 산업군에 적용되는 반독점 규제법과 액슨-플로리오법(Exon-Florio Act)에 대해 알아두는 것이 좋다.

반독점 규제법

반독점 규제법은 기본적으로 소비자의 권익을 보호하기 위한 조치이다. 경쟁 없이 기업이 시장을 독점하게 되면 그로 인한 피해는 고스란히 소비자가 보게 되기 때문이다.

최초의 반독점법은 1890년에 미국에서 제정된 셔먼법이다. 당시 미국에서는 특정 기업들이 시장을 장악하면서 경쟁이 사라지고 있었고, 이를 규제해야 한다는 사회적 요구가 커지고 있었다.

셔먼법은 두 개의 핵심 조항으로 구성되어 있다. 첫 번째 조항은 기업 간의 반경쟁적 행위를 금지하는 것이다. 가령 이는 경쟁사들이 담합하여 가격을 조작하거나 시장을 분할하는 행위를 금지하는 것이다. 두 번째 조항은 독점을 형성하거나 독점하려는 시도를 불법으로 규정했다. 이는 한 기업이 시장에서 지배적 위치를 차지하거나, 독점적 지위를 이용해 다른 경쟁사들을 배제하려는 행위를 규제하기 위한 것이다.

M&A를 통해서도 시장이 실질적으로 하나의 회사에 독점될 우려가 있기 때문에 당국에서는 이를 규제한다. 가장 대표적인 것이 2011년 AT&T의 T-Mobile 인수 시도다. 당시 AT&T는 경쟁사인 T-Mobile을 인수하려 했지만, 미국 법무부가 제동을 걸었다. 이동통신 시장의 독점 우려가 크고 소비자에게 피해가 돌아갈 것이라는 이유였다. 결국 이 거래는 무산되었고 AT&T는 40억 달러 상당의 손실을 보게 되었다. 양사 간 계약이 체결되었더라도 당국에서 이를 이유로 허가해 주지 않으면 거래가 성사될 수 없는 것이다.

이와 비슷한 법이 우리나라의 '공정 거래법'이다.

엑손-플로리오법(Exon-Florio Act)

이 법은 국가의 안보를 지키기 위한 법이다. 외국 자본이 미국의 핵심 산업을 손쉽게 취득하지 못하게 막고, 자국 기업이 국가 전략적으로 주요한 기술과 자산을 보유할 수 있도록 하는 것이 법의 요지다.

외국 자본이 미국 기업을 인수하려면 외국인 투자 위원회(CFIUS)의 승인을 얻어야 하는데, 이는 11개의 정부 기관으로 이루어져 있다. 이 위원회는 외국 자본의 자국 기업 인수가 국가 안보에 위협이 되는지를 종합적으로 판단한다.

대표적인 예시로 2025년 초 일본제철의 US스틸 인수가 무산된 것을 들 수 있다. 약 19조 원에 달하는 대형 딜이 될 예정이었고, 양사 모두 타결을 보았으나 당시 미국 대통령이었던 바이든 대통령이 반대하면서 딜 자체가 성립되지 못하였다.

그러나 2025년 6월 20일 트럼프 대통령이 조건부로 승인하는 결정을 하였다. 다만 미국 국가안보협정에 따라 일본제철에 이사회 구성원 한 명을 임명할 수 있는 권한과 경영상 주요 사안에 대해 거부권을 행사할 수 있는 '황금주'를 부여받고, 최고 경영자(CEO), 최고 재무 책임자(CFO) 등 주요 경영진을 미국 국적자로 한다는 조건을 달았다. 또한 US스틸은 기존 회사명과 본사를 그대로 유지하는 조건이다.

개인적으로 이것과 비슷한 법률이 우리나라에도 신설되었으면 하는 바람이 있다. M&A는 국가 경제 및 기술 경쟁력에 주요한 영향을 끼치는 사항인 만큼 자국 보호에 힘써야 한다는 생각에서다. 우리도 이와 같은 법률로써 우리 산업을 지키는 것이 시급하다고 판단된다.

결론적으로 M&A 실사는 산업에 대한 실사가 첫 번째로 이루어져야 하고, 두 번째로 법률에 대한 실사, 세 번째로 인력에 대한 실사, 마지막으로 재무에 대한 실사 순으로 진행되어야 한다.

이는 산업이 성장성이 없으면 M&A가 성사되어도 의미가 없다는 것을 함의한다. 그리고 법률에 위배가 되면 M&A를 진행해도 무효가 될 수 있다. 또한 M&A 딜 석세스를 위해서는 사람을 위주로 고려하는 것이 바람직하며, 이러한 요소들이 검토되고 난 이후에야 재무에 대한 실사가 의미가 있어지는 것이다.

그러나 우리나라의 경우, 반대 순서로 실사가 진행되는 경우가 자주 일어나는 것을 보게 된다. 일단 재무에 대해서 먼저 검토하고 그 프레임에 맞추어 다른 요소들을 끼워서 맞추는 경우도 왕왕 있다. 일단 살 수 있고 현재 대상 기업이 돈을 버는 것 같으니, 산업도 유망해 보이고 맨파워도 있는 것처럼 착시가 오는 부분도 있는 것이다.

성공적인 M&A를 위해서는 본질적으로 접근하는 것이 중요하다는 것을 다시 한번 강조하고자 한다.

17
성공적 전략 사례 연구

대표적인 M&A 전략 사례로 M&A 업계에서 많이 회자되는 아메리칸 홈 프로덕트(American Home Products, AHP)의 아메리칸 사이안아미드(American Cyanamid, ACY) 인수 사례(1994)를 인용하고자 한다.

제약 산업의 환경 변화

미국의 제약 업계는 두 가지 큰 환경 변화 요인이 발생하였다.

1. 생산된 제품의 주요 소비자가 구매 세력인 보건 치료 기관(Health Maintenance Organization)으로 전환됨으로써, 그들의 독점적 지위를 이용한 가격 인하 요인이 발생하였다. 이에 따라 매출과 이익의 감소가 예상된다.

2. 미국 행정부의 지속적인 의료 복지 개혁안 추진으로 미래에 대한 제약 업체들의 불확실성이 높아졌다.

결국 제약 업체의 CEO들은 원가 절감과 상품의 가치 향상을 위한 혁신적인 방안을 강구하게 되었고, 이를 위해 전략적인 기업 인수를 모색하게 되었다.

아메리칸 홈 프로덕트(AHP)의 현황

AHP는 미국 내 제약 업계의 선두 주자로 다양한 제약품과 의료 기기, 식품류까지 생산하는 거대한 다국적 기업이었다.

그러나 이 회사도 앞서 언급한 제약 산업의 변화에 속수무책이었고, 자체적으로도 문제가 있었다. 회사의 생산 품목들이 상품의 사이클상 이미 쇠퇴기에 접어든 것이 많아, 이에 따라 매출의 성장이 둔화할 것으로 예측되었다.

더욱이 이 회사는 신제품 개발을 위한 R&D 투자 비율이 산업 평균을 밑도는 등 장기적인 성장을 위한 전략이 미비한 상태였다.

아메리칸 사이안아미드(ACY)의 현황

ACY는 상대적으로 건실한 재무 구조를 갖춘 회사로 각종 의약품, 동물 치료 약, 농약 등을 생산하고 있는 중견 규모의 제약 회사였다.

회사 내부적으로 재무적 어려움이 있었으나, 지속적 노력으로 어느 정도 안정화되어 다른 제약 회사들의 M&A 타겟 회사로 자주 거론되는 상황이었다.

M&A 거래의 진행

이미 ACY는 기업 구조 조정의 일환으로 AHP가 아닌 다른 제약 회사와 기업 일부의 분할 매각(Divestiture) 협상을 진행 중이었다.

이러한 상황에서 AHP는 ACY를 인수하기 위해 여러 가지 전략을 구상하였다. AHP는 적대적 매수(Hostile takeover)의 의사를 표시하고,

현 주가보다 50%의 프리미엄을 더한 가격으로 주식시장에 공개 매수(Tender Offer)를 하게 되었다.

이에 ACY는 처음에는 반대 입장이었고, 회사는 방어 수단(Defense Strategy)으로 기존에 진행되던 타 제약 회사와의 거래를 성사시키거나, AHP가 필요로 하는 부문을 다른 기업에 헐값 매각하거나(Crown Jewels), 또는 제삼자로 하여금 자기 주식을 매수하게 하는 방법(White Knight) 등을 강구하려고 하였다.

그러나 AHP가 제시한 가격은 ACY의 본질 가치보다 상당히 높았고, 이에 ACY의 일반 주주들은 경영층에 분할 거래를 받아들이도록 압력을 가하게 되어 결국 95억 6천만 달러에 거래가 성사되었다.

M&A 전략에 대한 평가

AHP의 전략은 제약 업계의 경영 환경 변화 상황을 고려하면 매우 합리적인 것으로 판단된다.

AHP는 제약 업계의 선두 주자였지만, 변화하는 미래에 대응하기 위해서는 시장 점유율을 더욱 확대할 필요가 있었고, 또한 동종 업계의 다른 생산 제품 라인을 흡수하여 미래의 불확실성을 제거해야 할 전략이 필요하였다.

AHP는 다국적 생산·판매 네트워크를 갖추고 있었기 때문에 ACY의 제품을 기반으로 한 해외 시장 개척이 가능하였다.

AHP와 ACY는 동종 업계의 회사이기에 경영의 효율성 증대 측면에서 비용의 절감(판매망, 본사 부서의 인원 감축)이 가능하였고, 광고 선전비의 절감 역시 가능하였다.

결국 위와 같은 전략적인 성공은 두 회사의 합병 후 시너지의 극대화가 가능한 토대가 되었다.

이 장에서는 흔히 가치 평가(Valuation)라고 말하는 주식의 평가에 대해 언급하고자 한다. 그런데 본서에서는 가치 평가라는 용어 대신 가치 분석(Price Analysis)이라는 용어를 사용하고자 한다. 그것이 M&A의 본질을 더 정확하게 설명하기 때문이다.

01
가치 평가가 아닌 가치 분석이다

내가 M&A 시장에서 바로잡고 싶은 요소 중 하나는 가치 '평가'의 개념이다. '평가'라는 말은 영어 단어 'evaluate'에서 나왔는데, 신이 인간을 심판한다는 뉘앙스를 띠며 절대성과 정확성을 시사하는 바가 있다. 그러나 기업의 가치는 정확하게 계산되지 않는다. 뉴욕 대학교 스턴 스쿨의 교수인 애스워드 다모다란(Aswath Damodaran)은 기업 가치 분석의 대가다. 그 교수의 수업에서 기업 하나의 가치를 분석해 보는 시간을 가졌는데, 그중 어느 한 명의 가격도 일치하지 않았다는 일화는 이 분야에서 유명한 이야기다. 학생들이 사용했던 현금 흐름 할인법(DCF)은 탄탄한 이론이지만 가정에 따라 변수들의 변동이 생기기 때문에 당연한 결과였다. 가령 성장률이 5%로 가정되었을 때와 10%로 가정되었을 때의 기업 가치는 전혀 다른 결과를 산출하게 되는 것이다.

그럼에도 한국에서는 '가치 평가' 형태의 보고서 방식에 지나치게 의존하고 있다. 가치 평가 보고서는 정교해 보이지만 실제 기업 가치와 맞아떨어질 확률은 매우 낮다고 볼 수 있다. 심지어는 기업 가치를 미리 얼마로 정해두고, 그를 산출하기 위한 논리적 증거를 만들어주기 위해 보고서가 작성되는 경우도 있다.

사실 기존의 가치 평가 방식은 회계사에게도 리스크를 가져다준다. 미국에서는 실제 가치와 가치 평가 보고서의 금액이 상이할 때 의뢰인이 회계법인에 소송을 건 사례도 있었다. 당시 회계법인도 일부 과실에 대해 책임지게 되어 보상해야 하는 상황에 처했다. 한 판결에서는 회계사의 과실을 과반으로 책정한 적도 있고, 해당 회계 법인은 그 소송의 여파로 파산하게 되었다. 요즘은 변호사들이 많아지면서 소송이 활성화되어 이러한 위험성이 더 가중되었다고 본다.

그렇다고 하여 가격에 대한 예측이 무의하다는 이야기를 하려는 것은 아니다. 다만, 표현부터 바꾸어야 한다는 것이다. 대안은 바로 가치 분석으로, 기업 가치를 단일 숫자로 표기하는 것이 아니라 스펙트럼과 범위로 표기하는 것을 뜻한다. 그리고 그 기반을 가지고 상대와 협상을 통해 상호 간 최종 기업의 가치를 결정하게 되는 것이다.

02 주요 가치 분석 방법

M&A를 위한 주요 가치 분석 방법으로는 아래의 것들이 있다.

A. 자산 가치 분석법

B. 수익 가치 분석법 (DCF 분석법)

C. 상대 가치(시장 가치) 분석법

실제 실무에서는 이 세 가지의 방법을 적절히 혼합해서 활용하고 있다. 각 방법의 장단점이 있기에 어느 한 방법이 절대적으로 우월하다고 이야기할 수 없기 때문이다. 우선 자산 가치 분석법을 알아보도록 하고, 수익 가치 분석법과 상대 가치(시장 가치) 분석법을 살펴보도록 하자.

자산 가치 분석법

자산 가치 분석은 기업이 가진 자산을 중심으로 가치를 분석하는 방법이다. 기업의 유형적 요소에 대한 모습을 가장 잘 보여주는 방법이라고도 할 수 있는데, 특히 회사를 사고팔거나 청산할 때처럼 중요한 결정을 내려야 할 때 유용하다. "기업이 가진 것만 다 팔아도 이 정도가 나옵니다"라고 말할 수 있으니 보통 기업 가치 분석 시에 금액의 하한선을 제시하는 근거로 사용하기에 용이하다.

자산 가치 분석은 순자산 가치의 관점에서 보는 것과 청산 가치의 관점에서 보는 것으로 나눌 수 있다. 전자는 기업이 정상적으로 운영되고 있을 때를 기준으로 하고, 후자는 기업이 당장 기업 활동을 중단하는 것을 기준으로 산정한다.

순자산 가치는 기업이 가진 모든 자산의 가치에서 빚을 뺀 것이다. 쉽게 말해서 기업이 실제로 보유한 순수한 자산의 가치라고 볼 수 있다. 이 방법은 특히 부동산 개발 회사나 금융 자산을 많이 보유한 기업을 평가할 때 유용하다. 예를 들어 부동산 회사라면 가지고 있는

땅이나 건물, 진행 중인 개발 사업의 현재 가치를 기준으로 계산한다. 금융 회사의 경우에는 보유한 주식이나 채권, 다른 투자 자산의 가치에서 빚을 뺀다. 이런 순자산 가치는 기업이 정상적으로 운영되면서 자산을 계속 유지할 것으로 예상될 때 특히 의미가 있다.

반면에 청산 가치는 기업이 당장 문을 닫는 경우를 가정하여, 모든 자산을 팔고 모든 빚을 갚은 다음에 남는 금액을 말한다. 실제 이런 상황에서는 보통 자산을 제값에 팔기 어렵다. 예를 들어 제조업체가 가진 기계나 재고를 급하게 팔게 되면, 장부에 적힌 가치보다 훨씬 싸게 팔릴 수밖에 없다. 할인하는 데 들어가는 비용과 같은 것이 반영되어 청산 가치는 보통 순자산 가치보다 낮게 나온다.

자산 가치 분석은 기업의 빚까지 제대로 반영해서 현실적인 가치를 보여준다는 장점이 있다. 특히 기업이 빚을 많이 진 경우에는 순자산 가치를 통해 자산과 부채의 관계를 명확하게 비교해 볼 수 있다. 이는 기업의 실제 재무 상황을 잘 보여주기 때문에 신뢰도 있는 지표가 될 수 있다.

자산 가치 분석도 물론 한계가 있다. 기업의 가치를 숫자로 명확하게 보여준다는 장점이 있지만, 무형적 요소를 포함한 기업의 잠재력을 제대로 반영하지 못하거나 자산의 실제 가치를 평가하는 게 쉽지 않다는 점이다. 또한 자산 가치 분석은 현재 기업이 가진 자산과 부채만을 기준으로 계산하다 보니, 앞으로 사업을 통해 벌어들일 수 있는 돈은 계산에 넣지 못한다. 예를 들어 기술 스타트업을 생각해 보자. 당장은 자산도 별로 없고 오히려 빚이 많을 수 있다. 하지만 앞으로 시장을 장악하고 큰 수익을 낼 가능성이 높다면, 자산만 보고 평가하는 건 너무 단순한 접근이 될 수 있다. 말하자면 현재 상태만 보고 판단하는 셈이다.

현금 흐름 할인법(DCF)과 마찬가지로 측정의 문제 또한 존재한다. 특히 부동산 기계 설비와 같은 전통 자산이 아니라, 브랜드 가치 혹은 특허권과 같은 무형적 자산의 경우 더욱 측정이 어려운 부분이 있다.

수익 가치 분석법

수익 가치 분석의 중심이 되는 것이 현금 흐름 할인법(DCF)이다. 먼저 이에 대해 개념을 짚고 가고자 한다. DCF는 'Discounted Cash Flow'의 약자로, 미래의 현금 흐름을 현재의 가치로 할인하여 현재의 기업 가치를 추정하는 방법이다.

DCF는 의미 그대로 미래에 들어올 현금을 현재 가치로 환산하는 방식이다. 쉽게 말해서 "이 기업이 앞으로 벌 돈이 지금 시점에서 얼마만큼의 가치가 있는가"를 계산하는 것이다. "지금 당장 받을 수 있는 100만 원이 1년 뒤에 받을 100만 원보다 낫다"라고 하는 것과 같은 맥락이다. 당장의 100만 원은 은행에 넣어두면 이자도 받을 수 있고, 다른 곳에 투자할 수도 있기 때문이다. DCF는 이러한 '시간의 가치'를 수학적으로 계산해 내는 방법이라고 보면 된다.

M&A 시장에서 DCF가 중요한 이유는 기업의 가치를 논리적으로

설명할 수 있게 해주기 때문이다. 가령 어떤 회사를 1,000억 원에 인수하려 한다고 해보자. 왜 하필 1,000억 원인가? DCF는 이런 질문에 대해 '이 회사가 앞으로 창출할 수 있는 현금의 현재 가치가 1,000억 원 정도'라는 식의 근거를 제시할 수 있다.

DCF를 적용하여 기업 가치를 분석하기 위해서는 세 가지 요소가 필요하다. 미래에 대한 잉여 현금 흐름(Free Cash Flow, FCF), 할인율(Discount Rate), 그리고 잔존 가치(Terminal Value)이다. 본서에서는 디테일한 변수들보다는 핵심 내용과 산출 논리 위주로 알아보도록 하겠다.

DCF를 적용하기 위해서는 앞으로 몇 년간을 대상으로 분석할 것인가를 먼저 정하게 된다. 그리고 분석 기간 내의 현금 흐름을 현재 가치로 환산하고, 분석 기간 이후의 가치를 현재 가치로 환산하여 합하면 현재 기업의 가치가 나오게 된다는 논리다.

먼저 어느 정도 기간을 분석할 것인지를 정하여야 한다. 상황마다 다르지만 짧게는 3년 길게는 10년까지 잡게 된다. 그다음 연도별로 FCF를 구하게 된다. 잉여 현금 흐름을 의미하는 FCF는 계산하는 방법이 조금 복잡해 보일 수 있는데, 세전 이익에서 세금을 빼고 감가상각비를 더한 다음, 운전 자본 변화와 투자 비용까지 고려해야 한다. 쉽게 말하자면 기업이 실제로 벌어들이는 순수익이라고 생각하면 된다.

이렇게 연도별 FCF가 나오게 되면, 이를 현재의 가치로 환산해야 하는데 이때 필요한 것이 '할인율'이라는 개념이다. 우리에게 익숙한 이자라는 개념에서 시작하면 쉽다. 가령 1년에 10% 이자를 주는 은행에 100만 원을 맡기면, 1년 후에는 110만 원으로 돌려준다. 복리로 계산 시 2년 후에는 121만 원이 된다. 이 상황에서 1년 후 110만 원의 가치는 현재의 100만 원, 2년 후 121만 원의 가치도 현재의 100만 원이라고 환산할 수 있는 것이다. 그리고 이때 10%라는 수치가 할인율이 된다.

물론 DCF에서 FCF를 할인할 때는 위 예시처럼 은행 이자율로 할인하지는 않는다. 조금 더 복잡하다. 우리가 흔히 접하는 은행 이자율은 리스크가 거의 존재하지 않는 투자에 대한 이자인 반면, 기업의 투자는 리스크가 그에 비해 크기 때문이다. 통상 WACC(가중 평균 자본 비용)을 할인율로 사용하는데, 실제로 자금을 조달하는 데 얼마나 비용이 발생하는가와 연관이 되어 있다. 할인율이 높을수록 FCF 대비 현재 가치는 낮아지고, 할인율이 낮을수록 FCF 대비 현재 가치는 높아진다.

마지막으로 잔여 가치는 평가 기간이 끝난 후의 기업 가치를 추정하는 것이다. 잔존 가치를 측정하는 방법은 두 가지가 있는데, 첫 번째는 '영구 성장 모델(Permanent Growth Method)'이다. 이 기업이 영원히 성장할 것이라고 가정하고 성장률을 고려해 잔여 가치를 정하는 것이다. 두 번째는 '시장 배수에 기반한 추정 방식(Exit Multiple Method)'인데 시장의 유사한 기업과 비교하여 잔존 가치를 구하는 것이다. 이렇게 측정된 잔존 가치 또한 할인율로 할인하여 현재 가치를 구하게 된다.

이 분석 방식은 평가 방식이 객관적이고, 이론적으로도 탄탄하다는 점이 강점이다. DCF는 감정이나 직감이 아닌, 재무 데이터와 논리적인 모델을 기반으로 한다. 현금 흐름이나 할인율, 위험 프리미엄 같은 요소들이 명확하게 정의되어 있고, 이를 계산하는 방식도 체계적이다. 변수를 넣는 만큼 커스텀이 가능하다는 것도 장점으로 볼 수 있다. 예를 들어 어떤 기업이 업계 평균보다 빠르게 성장할 것 같다면, 그런 점을 모델에 반영할 수 있다. 기업이 처한 위험이나 시장 상황에 따라 할인율을 조정할 수도 있다.

다만, DCF는 이론적 토대는 탄탄한 반면, 각 변수 항목에 들어갈 상수를 측정하는 것이 실질적으로 어려워 평가된 금액 또한 완벽하지는 못하다는 한계를 가지고 있다. 많은 가정과 추정을 기반으로 활용될 수밖에 없는 모델이기 때문이다.

가장 큰 문제는 미래를 정확히 예측하기가 너무 어렵다는 점이다. DCF를 계산하려면 매출이나 비용, 성장률, 할인율 같은 여러 변수를 추정해야 하는데, 이게 빗나가면 평가 결과도 틀릴 수밖에 없다. 특히 장기적인 현금 흐름을 예측해야 하다 보니, 경제 상황이 바뀌거나 시장 경쟁이 달라지거나 새로운 기술이 나오는 등 예상치 못한 변수를 고려하지 못할 가능성이 높다. 이런 불확실성 때문에 실제 가치와 계산된 가치가 크게 차이 날 수 있는 것이다.

또한 할인율을 정하는 게 너무 주관적이라는 점도 한계다. 보통 WACC라는 가중 평균 자본 비용을 기준으로 삼지만, 이것도 계산하는 과정에서 여러 가정이 들어간다. 예를 들어 기업이 얼마나 빚을 질 것인지, 시장의 위험 프리미엄은 얼마로 볼 것인지, 무위험 이자율은 어떻게 잡을 것인지에 따라 할인율이 크게 달라질 수 있다. 그러다 보니 같은 회사를 평가하더라도 누가 하느냐에 따라 결과가 다르게 나올 수 있다.

그 때문에 M&A 시에는 DCF를 단독으로 활용하지 않고, 여러 방법과 종합하여 함께 기업의 가치 분석을 진행해야 한다.

상대 가치(시장 가치) 분석법

우리가 무언가를 결정할 때 많이 사용하는 방식은 동종 유형인 것들과의 비교다. 가령 사과 한 박스를 살 때 '실제로 사과를 먹어서 나에게 생기는 이득'을 숫자로 환산하여 비교하거나, '한 박스에 들어가는 사과를 생산하고 유통하는 데 드는 원가'를 계산하여 이 가격이 합리적인지 추산하지 않는다. 그보다는 "다른 브랜드 사과는 한 박스에 3만 원인데 여기는 2만 원이네! 맛도 비슷하네!"와 같은 방식으로 결정한다.

프로젝트를 발주할 때도 마찬가지다. 에이전시가 제안한 견적이 1억 원이라고 하면, 그에 포함되는 항목 하나하나를 따져보기보다 다른 에이전시에서 온 견적서들을 옆에 두고 비교하는 경우가 많다. 기업 가치 분석에서도 이러한 방식의 접근이 사용된다. 바로 '상대 가치 분석'이다.

상대 가치 분석은 말 그대로 비슷한 기업들을 살펴보면서 대상 기업의 가치를 분석하는 방법이다. 쉽게 말해 비슷한 산업에 있거나 규모나 사업 방식이 비슷한 기업들(피어 그룹, Peer Group)을 찾아서 그들의 시장 데이터를 참고해 평가하는 방식이다. 이렇게 하면 그 기업이 시장에서 어느 정도 위치에 있는지 파악할 수 있고, 실제 시장 상황을 반영한 객관적인 평가가 가능하다.

이 방법의 장점은 상장된 기업, 혹은 M&A가 진행된 기업들의 데이터를 활용해서 빠르고 간단하게 평가할 수 있다는 것이다. 여러 가지 지표와 배수를 사용해서 대상 기업과 피어 그룹을 비교하는데, 이를 통해 그 기업의 장단점을 더 명확하게 이해할 수 있다.

상대 가치 분석의 과정은 크게 세 가지 단계로 나눌 수 있다. 첫 번째 단계는 비교할 만한 기업들, 즉 피어 그룹을 찾는 일이다. 이것이 사실 비교 기업 분석에서 가장 중요한 부분이라고 할 수 있다. 대상 기업과 최대한 비슷한 특성을 가진 기업을 고르는 것이 좋다. 같은 산업에 있는지, 사업 방식이나 수익 구조가 비슷한지, 회사 규모는 어떤지 등을 꼼꼼히 따져봐야 한다. 예를 들어 전 세계를 대상으로 사업하는 큰 IT 기업과 지역에서만 활동하는 작은 IT 기업을 비교하는 건 적절하지 않다. 또 지역적인 특성도 중요한데, 나라마다 규제나 시장 환경이 다르기 때문이다. 이런 점들을 잘 고려해서 적절한 피어 그룹을 찾아야 신뢰할 만한 결과를 얻을 수 있다.

두 번째는 선정한 피어 그룹의 핵심 재무 지표들을 분석하고 비교하는 단계다. 매출이나 영업 이익, EBITDA(Earnings Before Interest, Taxes, Depreciation, and Amortization), 순이익, 자산 등 여러 지표를 살펴보면서 대상 기업이 어느 정도 위치에 있는지 평가한다. 이때 주의할 점은 튀는 값들이다. 예를 들어 특정 기업의 PER이 비정상적으로 높거나

EV/EBITDA가 너무 낮으면 전체 분석 결과가 왜곡될 수 있다. 그래서 평균값뿐만 아니라 중앙값도 같이 보면서 안정적인 배수를 정하는 게 좋다.

마지막 단계에서는 이렇게 정한 배수를 대상 기업의 재무 데이터에 적용해서 가치를 추정한다. 단순화하자면 10평 아파트가 1억이라면 100평 아파트는 10억으로 평가하는 식이다. 물론 실무에서는 다양한 변수를 고려한다. 이런 방식으로 계산하면 실제 시장 가치를 잘 반영할 수 있고, 투자자들이 합리적인 판단을 내리는 데도 도움이 된다. 또 이 기업이 시장에서 너무 비싸게 평가받고 있는지, 아니면 너무 싸게 평가받고 있는지도 알 수 있다.

상대 가치 분석법의 가장 큰 장점은 시장에서 실제로 통용되는 평가 기준을 반영한다는 것이다. 피어 그룹과의 비교를 활용하기 때문에 투자자들의 기대나 시장의 분위기가 자연스럽게 반영된다. 또한 직관적이고 이해하기 쉽다는 것도 장점이다. 복잡한 재무 모델을 만들 필요 없이, 피어 그룹의 배수와 대상 기업의 재무 데이터만 있으면 된다. 빠른 판단이 필요할 때 특히 유용하고, 결과를 이해하기도 쉬워서 투자자들이나 의사 결정자들과 소통하기도 좋다. 조작이 어렵다는 장점도 있다.

하지만 한계도 분명히 있다. 가장 큰 문제는 적절한 피어 그룹을 찾기가 쉽지 않다는 것이다. 규모도 비슷하고, 사업 방식도 비슷하고, 지역적 특성도 비슷한 기업을 찾아야 하는데, 이게 생각보다 어렵다. 특히 특이한 산업이나 여러 사업을 동시에 하는 기업의 경우에는 딱

맞는 비교 기업을 찾는 게 거의 불가능할 수도 있다. 잘못된 피어 그룹을 고르면 평가 결과를 신뢰하기 어렵다.

또한 일시적인 요인의 영향을 받을 수 있다는 점도 아쉬운 부분이다. 시장 데이터를 기반으로 하다 보니, 시장이 잠시 출렁이거나 투자자들의 심리가 비합리적으로 움직일 때는 결과도 영향을 받을 수 있다.

03
회사의 최종 가치는 협상에 의해 결정된다

기업의 가치는 평가자에 따라 달라질 수 있다. 기업에는 단 하나의 절대적인 가치가 존재할 수 없기 때문이다. 기업의 가치를 분석할 때 반드시 유념해야 할 중요한 요소는 인수자가 해당 기업의 미래 수익 흐름을 사들인다는 점이다.

결국 M&A 대상 기업의 주당 합리적 가격의 산정을 목표로 하여, 실무적으로는 일정 범위의 가격대를 찾는 것이다. 다음과 같은 도식으로 쉽게 이해할 수 있다.

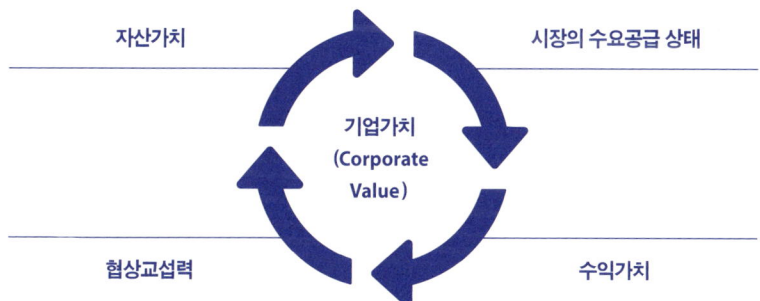

한편 가치 평가의 세계 최고 권위자인 뉴욕대 애스워드 다모다란(Aswath Damodaran) 교수가 주장하는 가치 평가(Valuation)의 일반적인 오류는 아래와 같다.

- 가치 평가 분석은 계량화된 것이며 그 결과는 객관적이다.
- 좋은 가치 평가의 결과는 계속 유지된다.
- 좋은 가치 평가의 결과는 정확한 가치를 제공한다.
- 계량화된 분석일수록 좋은 가치 평가이다.
- 시장 가치(Market Value)는 대체로 틀린 것이다.
- 가치 평가의 결과만 중요하고 그 과정은 중요하지 않다.

결국 절대적인 가치 평가 방법은 없고, 필요한 것은 가격 협상인 것이다.

04 협상의 기본 요소

협상의 기본 요소

협상(Negotiation)이란 타결 의사를 가진 당사자 또는 그 이상 숫자의 당사자 간에 양방향 의사 소통을 통하여 만족할 만한 수준의 합의에 이르는 과정이다. (James. K. Sebenius, 1993)

모든 협상은 항상 세 가지 요소, 즉 정보(Information), 시간(Time), 힘(Power)으로 구성되어 있다. 즉 양측의 정보량 차이, 사용할 수 있는 시간적 제약과 가진 힘과 권위 등 세 가지 요소의 불균형에서 협상이 시작된다.

많은 협상 실무자와 협상 학회 전문가, 교수들이 공통적으로 주장하고 있고 통용되는 협상의 본질은 다음과 같다.

1) 협상 과정에서는 성사에 대한 부담감을 내려놓고 유연성 있게 임해야 한다.
2) 협상 과정에서는 상대방이 수용하기 어려운 요구는 피하면서 설득해야 한다.
3) 협상 상대방과 인간적인 교류를 넓히고 특히 협상 상대방의 상사에게 신뢰를 얻을 수 있게 노력해야 한다.
4) 협상 과정에서는 너무 단기적인 이익을 추구하는 데 집착하지 말아야 한다.
5) 협상 과정에서는 정당한 요구 사항은 끝까지 관철해야 한다.
6) 조직 간의 협상에서는 반드시 최고 책임자가 협상 전면에 나서는 일이 없어야 한다. (어떤 조직에서든 최악의 협상가는 조직의 대표이다. 이들은 훌륭한 협상 인식을 가졌지만 너무 많은 권한을 가졌기 때문에 협상에서 실패할 확률이 매우 크다.)

딜 메이커(Deal Maker)와 딜 브레이커(Deal Breaker)의 중요한 차이

성공적인 M&A의 거래 협상을 위해서는 경제적인 것에 더하여 감정적이며 정치적이거나 심리학적인 장애물들을 극복해야 한다. M&A 거래 협상을 성공시키지 못하는 당사자들은 항상 경제적인 문제점에만 집착한 나머지 매우 중요한 다른 지점들을 간과하게 된다. 실제 M&A 실무에서 사용되는 협상의 진행을 5단계로 나누어 살펴보기로 하자.

1단계 : 초기 협상 단계

1단계에서는 양 당사자 간의 쟁점 사항, 일정, 당사자의 협상 능력을 파악하고 그에 따른 의향서(Letter of Intent, LOI) 작성까지 논의된다. 논의되어야 할 사항들이 허심탄회하게 거론되고, 망설이는 매도자에게 안정감을 주거나 쟁점 사항들을 명확하게 논의하게 된다.

2단계 : 가격 차이 교섭 단계

M&A 거래를 성공적으로 진행하기 위해 극복하여야 할 몇 가지 사항 중 가장 민감한 것은 가격이다. 특히 가격 협상 중에 사용되는 중요한 방법은 상대방을 자신이 설정한 라인 안으로 얼마나 깊숙이 끌고 오는가에 달려 있는 것이다. 즉, 매도자 측에서는 하한선(Bottom Line)을 설정하여 최소한 받아야 하는 금액을 정해 놓는 것이고, 매수자 측에서는 상한선(Top Line)을 정하여 최대한 지급할 수 있는 금액을 정하는 것이다. 그런데 이와 같은 하한선 금액의 결정이나 상한선 금액의 설정 모두 최고 경영자의 고유 권한이다.

3단계 : 매도자의 아쉬움 극복 단계

M&A 거래 협상을 하는 도중에 매도자는 종종 그 회사 매각에 대해 아쉬움을 갖게 되는 현상이 나타난다. 특히 협상이 장기화할수록 이와 같은 매도

자의 아쉬움은 점점 커지게 된다. 이는 꼭 경제적인 문제만이 아닌 감정적인 문제가 크게 좌우되기에 매수자는 매도자의 마음을 흔들리지 않게 해줄 수 있는 각종 보완 조치를 준비하는 것이 바람직하다.

4단계 : 실효적인 정밀 실사 단계

M&A 협상 과정 중의 수많은 장애 요인을 제거하고 최종적으로 남아 있는 부분이 거래 완료(Closing)를 위한 실사(Due Diligence)와 매매 계약서(Purchase & Sale Agreement)의 협상이다. 그러나 이 두 단계에서 제시되는 문제점들은 실제로 서로 다른 성격을 갖고 있는 경우가 많다.

정밀 실사에서는 보다 창조적이고 실무적인 접근 방법을 취해 실사의 실효성을 높일 수 있도록 하는 협상 기술이 필요하다.

5단계: 최종 클로징을 위한 단계

4단계의 실사와 달리 최종적인 계약서 작성의 협상은 양쪽 모두에게 이익이 되는 '윈윈(Win-Win)'이 되었던 실사 단계의 협상과 달리 한쪽에만 약간의 이익이 쏠리는 '윈-루즈(Win-Lose)' 형태를 띠게 되어 더욱 미묘한 신경전이 오가는 협상이기에 끝까지 주의를 기울여야 하는 단계이다.

결국 성공적인 M&A 협상을 위해서는 딜 메이커의 부단한 노력이 필요하다.

05
협상은 누가 급한가의 싸움이다

25년 전에, 해외 딜을 할 때였다. 외국에서 온 상대측 사람이 명함을 주었는데 'Negotiator'라고 적혀 있었다. 처음에 나는 '터미네이터'인 줄 알았다. 그 당시에도 미국에는 '협상가'라는 전문 직군이 있었던 것이다.

그 협상가는 우리가 미팅하는 것을 옆방에서 CCTV 같은 것으로 보고는 전략을 세웠다. 어디가 약점인지를 분석하고 있는 것이었다. 심지어 한 사람도 아니고, 두 사람이 와서 교대로 참가했다.

당시 그 노련한 협상가들의 전략에 우리 쪽이 많이 휘둘렸던 기억이 있다. 협상 도중 말도 없이 비행기를 타고 본국으로 가 버려서 다시 불러온 일도 있었다. M&A 딜에 있어 협상이 참 중요하구나, 하고 알 수 있게 된 계기이기도 했다.

30년 가까이 딜을 하면서, 나는 어느새 온갖 경우의 협상을 경험해 본 사람이 되었다. 지금은 어느 정도 협상에 대해 이해하고 있다고 자부한다. 경험상 우리나라 사람들은 협상에 상대적으로 약한 편이 많았다. 선비 정신에 기반한 '점잖음'과 '체면'을 중요하게 여기는 경향 때문이 아닌가 생각한다.

물론 M&A는 거시적으로는 '윈윈(Win-Win)'을 추구하는 행위이다. 다만, 상호 간 거래의 방향성이 일치할 경우, 세부 사항을 조율할 때는 치열한 싸움으로 인식해야 한다. 협력하여 크게 파이를 만들어내는 과정의 협의는 함께하되, 커진 파이를 어떻게 분배할 것인지에 대해서는 날카로운 논의가 필요한 것이다.

이때 주요하게 작용하는 것이 바로 '누가 더 급한가'이다. 협상 테이블에 앉아보면 누가 더 절박한 상황에 처해 있는지에 따라 거래의 향방이 크게 달라지는 것을 볼 수 있다. 이러한 급박함은 상대방의 심리적 약점으로 작용하며, 현명하게 활용한다면 협상의 주도권을 확보하는 데 큰 도움이 된다.

상대방이 급한 상황에 놓여 있을수록 협상에서 양보할 가능성이 높아진다. 심리적으로 압박감을 느끼다 보면 불리한 조건이라도 빨리 거래를 성사시키고 싶은 마음이 들기 마련이다.

M&A 상황에서 급박함을 주로 느끼는 경우 중 흔한 것은 대주주의 상속 문제다. 특히 상속세를 납부해야 하는 상황이라면 대주주는 발등에 불이 떨어진 것처럼 매각을 서두르는 경우가 많다.

우리나라의 상속세는 생각보다 큰 부담이다. 대주주가 가진 기업 지분을 기준으로 계산하는데, 보통 자산의 절반 정도를 상속세로 내야 한다. 문제는 이 금액을 현금으로 마련해야 하는 경우가 많다는 점이다. 그 때문에 많은 대주주들이 기업 매각이라는 선택을 할 수밖에 없는 것이다. 게다가 상속을 해야 하는 상황이 발생하고 나면 6개월 안에 상속세를 신고하고 납부해야 한다. M&A 거래가 보통 1년 정도 걸린다는 점을 생각하면 정말 빠듯한 시간이다. 대주주들로서는 여러 가지 이유로 마음이 급해지게 되는 것이다.

정부의 규제 강화에 따른 변수도 영향을 끼친다. 기존에 잘 돌아가던 사업 모델이 하루아침에 흔들리면서, 기업은 어쩔 수 없이 시장에서 철수하거나 자산을 매각해야 하는 상황에 처하게 된다. 가령 운영 면허나 인증 요건이 바뀐다거나 독점법과 관련된 규제 혹은 환경 및 노동법과 관련된 규제들이 있을 수 있다.

한편으로 유동성이 부족하고 당장 갚아야 할 빚이 있거나 운영 자금이 바닥나는 입장일 때도 마음이 급해질 수 있고, 경쟁사의 확장으로 빠르게 사업을 처분해야 하는 입장이어도 그러하다. 투자자들의 압박도 기업을 급하게 만드는 요인이다. 벤처 캐피털이나 사모 펀드 같은 투자자들은 정해진 시간 안에 투자금을 회수해야 한다. 수익률 목표를 달성해야 하는 시점이 다가오면 기업 매각을 해야 하는 입장이 되고, 이는 자연스럽게 당사자를 급하게 만든다.

다만, 협상 테이블에서 자신의 급박함을 솔직히 드러내는 사람은 없다. 그 때문에 여러 조사와 질문을 통해서 상대를 급하게 만드는 요소를 알아내는 것이 성공적인 협상의 열쇠가 될 수 있다.

06
진정 원하는 바와 약점을 파악해라

    M&A 협상에서 가장 중요한 것은 아마도 상대방의 속마음을 읽는 능력일 것이다. 협상은 이성적 합의점을 찾아내는 수학적이고 기술적인 과정보다는 상대방의 진짜 속내와 약점을 파악하고 이를 전략적으로 활용하는 심리전에 가깝다고 할 수 있다.

    생각해 보면 우리 일상의 거래에서도 비슷한 면이 있다. 아파트 계약을 할 때에도 매도자가 왜 부동산을 급하게 팔려고 하는지, 어떤 사정이 있는지 파악하면 더 유리한 가격에 구매할 수 있지 않은가.

M&A도 마찬가지다. 다만 거래의 규모가 훨씬 크고 복잡할 뿐이다.

성공적인 협상을 위해서는 두 가지를 정확히 읽어내야 한다. 하나는 상대방이 진정으로 원하는 것(Real Interest)이 무엇인지를 파악하는 것이고, 다른 하나는 그들이 가진 약점이 무엇인지 찾아내는 것이다. 마치 바둑에서 상대의 수를 읽고 약점을 공략하는 것과 비슷하다.

니즈와 약점을 분석하는 법

협상 테이블 위에서 표면적으로 보이는 것은 매각 가격이나 계약 조건 같은 표면적인 요구 사항들이다. 하지만 어느 정도 가격에 대해 합의를 이루었다면 그다음 단계에서 중요한 것은 이면에 있는 상대방의 실제 니즈(Needs)인 경우가 많다. 협상을 잘하기 위해서는 이 부분을 들여다볼 수 있어야 한다.

가령 매도자가 협상 테이블에서 "우리 회사는 최소 100억 원은 받아야 합니다", "그리고 100% 현금으로 지급해 주셔야 합니다"라고 이야기한다고 해보자. 이것이 표면적 요구다. 이런 요구들은 협상의 시작점이 되지만, 이것만 보고 협상을 하면 실패하기 쉽다.

진짜 중요한 것은 '왜' 그런 요구를 하는지를 파악하는 것이다. 예를 들어 대주주가 일정 금액 이상의 가격을 고집하는 것 같지만, 실제로는 상속세를 내기 위해 일정 금액 이상의 현금이 빠르게 필요한 상황일 수 있다. 또는 매수자가 낮은 가격을 주장하는 것 같지만, 실제로는 인수 후에 들어갈 비용이나 위험을 걱정하고 있을 수도 있다.

이런 실질적인 니즈는 대부분 겉으로 잘 드러나지 않는다. 상대방의 말투나 행동을 자세히 관찰하고, 그들이 처한 상황을 꼼꼼히 분석해야만 알 수 있다. 마치 형사가 증거를 모으듯이, 여러 단서를 모아 퍼즐을 맞추어야 하는 것이다.

기본적으로는 공식 정보를 활용한다. 가령 재무제표와 같은 공시 자료다. 기업의 현금 사정이 어떤지, 갚아야 할 빚은 얼마나 되는지, 유동성은 충분한지 등을 면밀히 살펴봐야 한다. 예를 들어 현금이 바닥나고 있거나 당장 갚아야 할 빚이 많다면, 그 기업은 매각을 서두를 가능성이 크다.

부채 비율도 중요한 지표다. 빚이 너무 많으면 유동성에 문제가 생길 수 있고, 이는 곧 급하게 매각을 진행해야 하는 상황으로 이어질 수 있다. 또한 경영 보고서나 발표 자료를 보면 그 회사가 장기적으로 무엇을 목표로 하는지 알 수 있다.

최근 기업 활동도 중요한 단서가 된다. 만약 큰 규모의 투자를 했다면 자금이 부족할 수 있고, 직원들을 줄이거나 사업부를 매각하고 있다면 재정적으로 어려움을 겪고 있을 가능성이 크다.

시장과 경쟁 환경도 살펴보는 것이 좋다. 예를 들어 정부가 새로운 규제를 도입하거나 경쟁사들이 공격적으로 시장을 확대하고 있다면, 이는 상대 기업을 더욱 급박한 상황으로 몰아넣는 요인이 될 수 있다. 이러한 정보들을 종합적으로 분석해야 상대방의 진정한 니즈를 파악할 수 있는 것이다.

사실 실무에서는 위와 같은 공식 자료보다 비공식적인 정보에서 힌트를 얻는 일이 더 많다. 업계 동료들, 컨설턴트들, 은행가들과 대화를 나누다 보면 상대 기업의 내부 사정이 자연스럽게 들려오기 마련이다. 예를 들어 "저 회사 핵심 인력들이 최근에 많이 나갔대", "큰 거래 하나가 무산됐다더라", "경영진 사이가 좋지 않다고 하던데" 같은 이야기들이다. 이런 정보들은 겉으로 드러나지 않는 상대방의 니즈를 파악하는 중요한 단서가 된다.

특히 주요 이해 관계자들과 대화할 기회가 있다면 주의를 기울여 들어야 한다. 매도 측 경영진이나 자문사, 투자자들과 비공식적인 자리에서 나누는 대화 속에 진짜 속내가 숨어 있을 수 있다. 가령 "이번에는 빨리 마무리 지었으면 좋겠네요"라는 말에서는 시간적 압박을, "작년에 놓쳤던 거래처럼 되면 안 되는데…"라는 말에서는 과거의 실패 경험을 읽어 낼 수 있다.

이런 비공식 정보들과 공식 자료들을 조합해 보면 상대방의 진정한 니즈가 보이기 시작한다. 다만 이런 정보를 수집할 때는 신중해야 한다. 업계의 평판을 해치지 않는 선에서, 그리고 상대방과의 신뢰 관계를 깨뜨리지 않는 선에서 진행되어야 한다.

분석한 니즈와 약점을 활용하는 법

상대방의 니즈와 약점을 파악했다면, 이제 이를 전략적으로 활용할 차례다. M&A는 이론이 아니라 기술에 가깝다. 워낙 변수가 다양하다 보니 정형화해서 이야기할 수 없는 부분이 많다. 다만, 내가 경험적으로 M&A 상황에서 주요하게 활용하는 케이스를 설명하고자 한다.

먼저 상대방이 유동성 때문에 발등에 불이 붙은 상황이라고 해보자. 이때는 시간이 돈이라는 점을 강조하는 것이 효과적이다. "지금 빨리 매각하지 않으면 이자 부담이 계속 늘어날 텐데요. 가격을 조금 낮추더라도 빠르게 마무리 짓는 게 좋지 않을까요?"라는 식으로 접근하는 것이다. 또는 "우리는 다른 매수자보다 훨씬 빠르게 현금을 지급할 수 있습니다"라며 즉각적인 해결책을 제시할 수도 있다.

규제 때문에 곤란을 겪는 상황이라면 어떨까? 이때는 우리가 그들의 부담을 덜어줄 수 있다는 점을 강조하면 좋다. "매수 후 규제 준수를 위한 비용은 저희가 모두 부담하겠습니다"라고 제안하거나, "우리의 기술과 네트워크를 활용하면 이 규제하에서도 충분히 가치를 만들어낼 수 있습니다"라는 식으로 희망적인 비전을 제시하는 것이다.

정부나 공공 기관의 경우 돈보다 명분이 더 중요할 때가 많다. "이 거래는 단순한 매각이 아닌 지역 사회 발전에 기여하는 의미 있는 투자입니다"라는 식으로 사회적 가치를 강조하거나, "이를 통해 일자리도 늘리고 산업 경쟁력도 높일 수 있습니다"처럼 구체적인 명분에 기여하는 요소를 제시하는 것이 효과적이다.

만약 상대의 약점을 발견했다면 이 또한 적절히 활용할 수 있다. 가령 노사 갈등이 심화한 상황이라면 "앞으로 발생할 수 있는 파업이나 노사 문제는 우리에게도 큰 리스크입니다. 이런 잠재적 위험을 고려하면 추가적인 보증이나 보상 조항이 필요합니다"라고 하여 리스크를 미리 방지하거나 다른 유리한 조건을 받아올 수 있다. 상대가 급한 상황이라면 의도적으로 속도를 천천히 가져가는 것도 방법이다. "이런 중요한 거래는 충분한 검토가 필요합니다"라며 시간을 지연시키거나, "조금 더 신중하게 진행하면 양쪽 모두에게 좋은 결과가 있을 것 같습니다"라며 압박을 가하는 것이다.

다만 이런 전략들을 사용할 때는 한 가지 주의할 점이 있다. 상대방을 너무 몰아붙이면 오히려 역효과가 날 수 있다. 과유불급이니, 적절한 균형을 유지하는 것이 중요하다.

07
최악의 상황을 가정하고 대체안을 마련하라

M&A 프로세스에 수개월간 몰입하고 협상에 깊이 빠져들다 보면 기준점이 흔들리는 경우가 있다. 지금 하고 있는 딜이 성사되지 않으면 큰일이 날 것 같은 불안감에 휩싸이게 될 수도 있고, 이는 판단력을 흐리게 만든다.

협상에 임할 때는 최악의 시나리오를 그려보는 것이 도움이 된다. 재정적 손실의 분석과 업계 내의 평판, 그리고 이번 딜을 하느라 놓친 다른 기회들까지 고려해 보는 것이 좋다. 이는 딜이 깨졌을 때의 리스크를 가시화하여 '알지 못하는 불안감'에서 벗어나게 해준다. 또한 최악의 상황에서도 나아갈 방향성과 계획을 수립해 둔다면 심리적으로 안정감이 생기고, 이는 협상에서 주도권을 갖는 데 유리하게 될 수 있다.

이번 딜이 유일한 선택지라고 생각하면 불필요한 압박감에 시달리게 되며 협상력을 약화하는 결과로 이어지게 된다. 그러나 대체안이 있다면 이야기가 달라진다. 협상자는 더 자신감 있게 상대방과 대화를 이어갈 수 있다.

여기서 중요한 개념이 바로 '협상이 결렬될 경우를 대비한 최선의 대안(Best alternative to a negotiated agreement, BATNA)'이다. 이는 현재의 협상이 실패했을 때 우리가 선택할 수 있는 최선의 대안을 뜻한다. 강력한 BATNA를 가진 협상자는 협상장에서 더 유연하고 자신감 있게 행동할 수 있다.

가령 특정 기업과 M&A 협상을 진행하는 상황을 생각해 보자. 만약 이 기업이 우리가 원하는 조건을 받아들이지 않더라도, 이미 다른 유망한 대상 기업들을 물색해 두었다면 현재 협상에서 느끼는 부담감은 크게 줄어들 것이다. 대체제가 있다는 것은 최악의 상황에서도 손실을 최소화하거나, 더 나은 조건으로 새로운 협상을 시작할 수 있다는 의미인 것이다.

BATNA는 상대방에게 '당신만이 유일한 선택지가 아니다.'라는 신호를 보냄으로써, 상대방이 더 나은 조건을 제시하거나 양보를 고려하도록 만들 수도 있다.

M&A 상황에서 BATNA는 대체 거래를 검토하는 방안과 내부 역량을 강화하는 방향으로 고려해 볼 수 있다. 그리고 BATNA를 확보했다면 이를 명시적으로 언급하지 않더라도, 암시함으로써 협상에서 하나의 압박하는 수단으로 사용할 수도 있다.

디즈니와 픽사의 M&A는 협상에서 BATNA를 볼 수 있는 사례다. 1990년대부터 디즈니와 픽사는 〈토이 스토리〉, 〈벅스 라이프〉 등 여러 성공작을 함께 만들어왔다. 하지만 이후 계약 갱신 협상에 어려움을 겪었는데, 이때 픽사는 강력한 BATNA를 보유하고 있었다. 자체적으로 수준 높은 애니메이션을 만들 수 있는 기술력과 스티브 잡스, 존 라세터와 같은 뛰어난 리더십을 갖추고 있었다. 〈니모를 찾아서〉와 같은 대작의 성공은 픽사가 디즈니 없이도 충분히 경쟁력이 있다는 것을 증명했다. 필요하다면 다른 파트너를 찾을 수도 있는 상황이었다.

반면 디즈니의 BATNA는 상대적으로 약했다. 당시 디즈니 애니메이션 스튜디오는 연이은 실패로 어려움을 겪고 있었다. 디즈니가 만든 2D애니메이션인 〈트레저 플래닛〉은 1억 달러의 손실을 보았다. 픽사와의 관계가 끊어진다면 애니메이션 시장에서 입지가 크게 흔들릴 수 있었다. 자체적으로 픽사 수준의 콘텐츠를 만들기 위해서는 오랜 시간과 투자가 필요했다.

결국 2006년 디즈니는 픽사를 74억 달러 상당의 주식으로 인수하기로 결정했다. 이는 당시 시장에서 픽사의 가치를 매우 높게 평가한 금액이었다.

M&A 협상에서 성공하기 위해서는 여유가 필요하다. 그리고 이를 위해서는 내가 쥐고 있는 카드들이 많아야 한다. 대부분의 경우에서 최고의 카드는 최악의 상황을 가정하고 만든 BATNA이다.

한편으로, 결국 당사자의 근원적 이해를 증대하기 위해 유연한 ZOPA(Zone of Possible Agreement)의 형성도 필요하다.

08
협상은 51:49의 게임이다

협상 전략들을 공부하다 보면, 어쩌면 협상으로 모든 것을 가져갈 수 있다고 생각할지 모르겠다. 그러나 협상은 기본적으로 10:0으로 완승하는 것을 목표로 하는 게임이 아니다. 또한 M&A는 계약서에 도장을 찍는 것으로 끝나지 않으며 매도자와 매수자는 거래 이후에도 여러 형태로 관계를 이어가야 한다. 따라서 필연적으로 상대의 입장도 고려할 수밖에 없다. 예를 들어 경영진의 잔류가 필요한 경우를 생각해 보자. 협상 과정에서 매도자를 지나치게 압박했다면, 잔류 경영진과의 협력은 기대하기 어려울 것이다. 이는 결과적으로 인수 후 통합 과정에서 큰 걸림돌이 될 수 있다.

기술 지원이나 고객 관계 유지도 중요한 문제다. 매도 기업이 보유한 기술력과 고객 네트워크는 M&A 후 중요한 자산이 된다. 협상 과정에서 상대방의 자존심을 훼손하거나 신뢰를 잃으면, 이러한 무형의 자산들은 제대로 이전되기 어렵다. 특히 특정 계약이나 프로젝트에서 매도자의 지속적인 참여가 필요한 경우라면 더욱 그렇다.

사실 이러한 것들을 차치하고서라도, 10:0이라면 딜 자체가 성사되지 않을 것이다. 가진 것을 모두 달라는 협상에 응할 사람은 없다. 거래 자체가 무산될 위험이 있는 것이다.

따라서 협상에서는 51:49의 분배를 가져가는 것을 목표로 한다. 주도권을 가지고 있다는 가정하에 상대방이 협상 테이블에 남아 있도록 하려면, 상대방이 원하는 최소한의 핵심 이익을 보장해 주어야 한다.

가령 매도자가 회사의 명예나 재무적 안전을 중요하게 여긴다면, 창업주의 이름을 유지하거나 적절한 재정적 보장을 제공하는 식으로 요구 사항을 충족해 주는 것을 생각해 볼 수 있다. 이렇게 상대방이 중요하게 여기는 핵심 요소를 존중하면, 협상은 자연스럽게 더 생산적인 방향으로 이어질 수 있다.

하지만 이러한 배려가 자신의 핵심 목표를 포기하는 것으로 이어져서는 안 된다. 협상에서 반드시 지켜내야 할 요소들은 분명하게 정의하고, 이를 반드시 관철해야 한다. 상대방의 요구를 수용하면서도 이러한 목표를 달성하기 위해서는 명확한 논리와 데이터를 바탕으로 한 자신감 있는 태도가 필요하다.

협상의 백미는 타협과 주도권 사이의 미묘한 균형을 맞추는 데 있다. 상대방에게 적절한 양보를 하되, 전체적인 협상의 흐름은 우리가 이끌어간다는 인상을 주는 것이 바람직하다.

09
협상이 되는 딜과 안 되는 딜을 구분해라

M&A는 많은 자원과 시간이 소요되는 작업이다. 그 때문에 가능성이 낮은 딜에 많은 투입을 하는 것은 비효율적 경영 활동으로 귀결된다. 따라서 협상이 되지 않을 것으로 판단되는 사항에 대해서는 과감히 포기하는 지혜가 필요하다.

생각하는 가격이 서로 다른 이유

　M&A 협상에서 가장 중요한 것은 가격이다. 사실 가격을 수학적이고 기술적인 과정으로 도출할 수 있다면 상호 이견이 없을지도 모른다. 그러나 가격은 필연적으로 각자의 입장에서의 주관적 관점이 개입될 수밖에 없다. 매도자와 매수자가 서로 다른 관점으로 기업의 가치를 바라보기 때문이다.

　또한 부동산과 비교하였을 때, 부동산은 유형적 요소이며 시세가 있어서 그를 기반으로 삼아 어느 정도 가격대를 가늠할 수 있고 상호 조율도 용이한 부분이 있다. 그러나 기업의 가치는 그보다 복잡하다. 미래의 성장성, 리스크, 시장 상황, 전략적 목적까지 복잡하게 얽혀 있어 같은 기업도 전혀 다른 가격이 매겨질 수 있다. 또한 부동산은 누가 사든 금액이 비슷비슷하지만, 기업은 누가 사느냐에 따라 거래되는 가격이 크게 달라질 수 있다.

　매도자들은 자신의 기업 가치를 되도록 긍정적으로 평가하고자 하는 마음이 있다. 높은 수익을 낼 수 있는 잠재력을 강조하고, 유형자산은 물론이고 브랜드 가치, 고객 충성도, 시장에서의 경쟁력까지 모두 프리미엄의 근거로 내세운다. 반면 매수자는 조금 더 보수적인 관점에서 본다. 실제로 인수 후에 벌어들일 수 있는 수익이 얼마일지, 통합 과정에서 발생할 위험은 무엇일지 꼼꼼히 따져보는 것이다. 가령 같은 IT 기업이더라도 매도자는 "우리는 시장을 선도할 혁신적인 기술을 보유하고 있습니다. 앞으로 시장이 크게 성장할 것이고, 우리 기술이 그 중심에 있을 겁니다."라고 말하며 높은 가격을 부를 것이다. 그러나 매수자는 "아무리 좋은 기술이라도 수익화까지는 시간이 걸립니다. 게다가 IT 시장은 변화가 빠르죠. 지금의 기술이 미래에도 경쟁력을 가질지는 장담할 수 없습니다."라고 말할 가능성이 높은 것이다.

때로는 감정적인 부분도 가격에 영향을 끼친다. 이는 특히 자수성가형 창업가에게 종종 발생하는 일이다. 그들은 회사를 자신의 일부 혹은 자식처럼 여기는 경향이 있다. 상품 하나를 개발하기 위해 밤을 새우고, 간신히 자금을 확보하고, 한 명 한 명 고객을 설득하는 과정에서 회사는 이미 그들 삶의 중요한 부분이 되어 있다. 이에 대한 마음이 가격에 반영되어 일종의 프리미엄이 붙는 경우가 있다. 이해가 가지 않는 것은 아니나, 감정적인 부분은 자금이 아닌 감정의 문제로 해소하는 것이 딜 메이커로서는 현명한 처사일 수 있다. 종종 매수자가 매도자에게 가서 공손히 인사하며 "맡겨 주십시오. 제가 앞으로 잘 키워보겠습니다."라고 설득하는 경우도 있다.

시장 상황도 가격 차이를 만드는 변수다. 대체로 경제가 호황이고 유동성이 시장에 많이 공급된 상황일 때는 가격이 더 높게 형성되는 경향이 있다. 결국 같은 회사라도 누가, 언제, 어떤 목적으로 보느냐에 따라 그 가치는 천차만별이 되는 것이다.

조율 가능한 가격의 범위

그러면 가격 차이는 어느 정도까지 조율할 수 있을까? 사실 이론적으로 정해진 사항은 없다. 다만 필자의 오랜 실무 경험적으로는 상호 간 희망하는 거래 가격의 차이가 20%가 넘어가게 되면 결과적으로 거래 자체가 무산되는 경우가 많았다. 최초 커뮤니케이션에서 거래 희망 금액이 상호 간 많이 차이가 난다면 과감하게 거래의 포기를 고려하는 것도 하나의 대안이다.

가격 차이가 크게 나면 협상이 길어지게 될 가능성이 높다. 그러나 앞서 말했듯, M&A는 속도가 중요한 사항 중 하나이다. 거래가 성사되더라도 최초에 목표했던 바를 이루지 못하게 될 가능성이 높아지는 것이다. 기회 비용도 증가한다. 시장에는 항상 여러 가능성이 존재하는데, 하나의 거래에만 매달리다 보면 더 나은 기회를 놓칠 수 있다. 또한 그 정도 높은 비용이라면 자체적으로 내부 투자를 하거나, 다른 기업을 인수하는 등의 대안이 있을 가능성이 있다. 또한 높은 인수 가격은 투자 회수 기간을 길게 만들기도 한다.

가격 차이가 20% 이내라면 가격의 조정만으로 밀어붙이기보다는 비계수적 요소를 함께 활용하는 것이 더 좋을 수 있다. 상대방이 중요하게 여기는 가치(Real Interest)를 파악하고 이를 충족시키는 방식으로 협상을 이끌어가면, 더 나은 결과를 기대할 수 있다. 가령 고용 안정성은 매도자가 가장 민감하게 생각하는 부분 중 하나다. 오랫동안 함께해 온 직원들의 미래를 걱정하는 동시에 명예로운 엑싯(EXIT)을 희망하는 마음이기도 하다. 창업주는 장부상 가치를 실현하여 두둑하게 은퇴하는데, 직원들은 구조 조정을 당하는 처지에 놓인다면 평판이 좋지 않아질 우려가 있다. 핵심 인력의 고용을 보장하고 기존의 복리후생을 유지하겠다는 약속은 매도자의 심리적 부담을 크게 덜어 줄 수 있다.

또한 지급 방식의 유연한 설계도 효과적인 전략이다. 현금과 지분의 비율을 조정하거나, 분할 지급 방식을 도입하는 등 매도자의 상황에 따라 맞춤형 방안을 제시할 수 있다. 특히 세금 문제는 매도자에게 큰 부담이 될 수 있으므로, 이를 고려한 지급 구조는 매력적인 제안이 될 수 있다. 이런 비계수적 요소들은 비용 부담이 크지 않으면서도 협상을 원활하게 만드는 윤활유 역할을 할 수 있다.

간을 보는 사람들

한편으로 거래의 의지 없이 '간을 보는 사람들'도 많다. 겉으로는 거래에 적극적인 것처럼 보이지만, 실상은 시장 동향을 파악하거나 경쟁사의 내부 정보를 얻으려는 의도로 접근하는 경우다. 이러한 상대와의 협상은 시간과 자원의 낭비를 넘어 실질적인 기회 비용으로 이어질 수 있으므로 그러한 낌새가 보이면 빠르게 협의를 종료하는 것이 좋다.

특히 매도자 중에는 진정한 매각 의사 없이 시장의 반응만 살피려는 경우가 있다. 이들은 몇몇 잠재적 매수자들과 접촉하며 시장 가격을 탐색하지만, 실제 매각으로 이어질 가능성은 극히 낮다. 결국 이는 양측 모두에게 소모적인 과정이 될 뿐이다.

10
시간에 따른 매수자와 매도자의 입장 변화

협상에서 가장 중요한 요소 중 하나는 '대안'이다. 이는 M&A 시장에서도 예외가 아니다. 협상 테이블에서 주도권은 얼마나 많은 선택지를 가지고 있느냐에 달려 있다. 선택지가 많을수록 협상력은 강해지고, 반대로 특정 거래에 집착할수록 불리한 위치에 서게 된다.

이러한 원리는 매수자와 매도자 모두에게 적용된다. 한 매수자와 협상하는 기업은 협상에서 불리한 위치에 서게 되고, 여러 매수자와 동시에 협상을 진행할 수 있는 기업은 더 나은 조건을 끌어낼 수 있다. 반대로 매수자 입장에서도 여러 인수 대상을 검토하고 있다면 특정 거래에 대한 의존도를 낮출 수 있다.

다만, 상호 협상력이 비슷한 상황이라면 시간의 흐름에 따라 매수자와 매도자 간의 유불리가 달라진다. 초기 단계에서는 주로 매도자가 유리한 위치를 점한다. 매각 프로세스를 통제할 수 있고, 다수의 잠재 매수자들과 접촉이 가능하기 때문이다. 그러나 실사가 시작되고 본계약 단계로 넘어가면 상황이 달라진다. 이미 많은 시간과 비용을 투자한 상태이고, 다른 매수자들은 떠난 상태라는 점에서 매도자의 입지가 좁아진다.

초반부에는 매도자가 유리

M&A 협상의 초반부에서는 매도자가 주도권을 쥐게 되는 경우가 많다. 이는 협상의 시작과 진행 구조에서 비롯된다. 협상은 대개 바이어가 인수 의사를 밝히며 시작되는데, 이때부터 바이어는 상당한 비용을 투자해야 한다. 법률, 재무, 회계 등 각 분야의 전문가들을 고용하여 실사를 진행하기 때문이다. 따라서 가벼운 마음으로 발을 빼는 것이 어렵다. 반면 매도자는 특별한 비용 부담 없이 협상에 임할 수 있으며 중단하더라도 큰 손실이 없다.

초기 단계에서 매도자의 또 다른 큰 장점은 경쟁 구도를 만들 수 있다는 점이다. 단독 바이어와의 협상보다는 여러 바이어가 관심을 보이는 상황이 유리하며 특히 매력적인 기업의 경우, 입찰 방식을 통해 매각 가격을 끌어올릴 수 있다.

또한 초기 단계에서는 매도자가 정보 제공을 통제할 수 있다. 바이어는 실사를 위해 기업의 상세 정보가 필요한데, 이는 매도자의 협조 없이는 불가능하다. 매도자는 필요한 정보만 선별적으로 제공하며 협상을 조율할 수 있고, 중요 정보는 협상이 더 진행된 후에 공개하는 방식으로 유리한 협상 환경을 만들 수 있다.

이러한 이유로 인해 초기 협상에서는 매도자가 우위를 점하게 된다.

후반부에는 매수자가 유리

후반부로 갈수록 초반과 달리 협상의 주도권이 바이어 쪽으로 넘어가게 된다. 특히 통상적으로 우선 협상 대상자를 선정하여 MOU를 체결한 이후부터는 매도자가 감당해야 할 리스크가 크게 늘어난다.

가장 큰 문제는 한 번 실패한 매각이 기업의 평판을 떨어뜨릴 수 있다는 점이다. 시장에서는 '한 번 못 팔린 회사'라는 낙인이 찍히기 쉽다. 이후 새로운 매각을 시도하더라도 "왜 이전에 거래가 성사되지 않았을까?"라는 의구심이 따라다니게 된다. 이는 자연스럽게 기업 가치 평가가 낮아지는 결과로 이어진다. 또한 M&A 과정에서는 필연적으로 많은 내부 정보가 외부로 새어 나간다. 협상이 결렬되면 이런 정보들이 경쟁사나 시장에 노출될 가능성이 있다는 점도 매도자에게는 큰 부담이다.

내부적인 부분들도 문제다. 특히 시간이 길어질수록 M&A에 대한 소식은 사내에 알음알음 퍼지게 된다. 이러면 직원들 사이에 불안감이 스며들고, 핵심 인재들이 하나둘 회사를 떠나는 상황이 발생할 수 있다. 남아 있는 직원들도 업무에 집중하기가 어려워진다. 노조가 강한 회사라면 이에 대한 경영 리스크도 발생할 가능성이 있다. 만일 이번 딜이 실패하면 이러한 상황을 또 한 번 겪게 되는 것이기에 매도자는 불안감이 들 수 있다.

이런 요소들이 복합적으로 작용하면서 협상 후반부에는 매수자의 입지가 강화된다. 반대로 매도자는 협상이 결렬될 경우 발생할 수 있는 여러 리스크를 고려해야 하기 때문에, 점차 불리한 위치에 놓이게 된다. 결국 시간이 흐를수록 협상의 균형이 바이어 쪽으로 기울어지는 것이다. 이러한 리스크와 연관이 있기에 M&A에 실패하면 매도측 담당자가 책임지고 사퇴하는 일도 심심치 않게 일어난다.

M&A 협상 시의 지침

M&A 실무에서 갖추어야 할 협상의 주요 사항은 아래와 같다. 이는 개인적인 경험으로 보았을 때 실무상 많이 적용되고 또 통용되는 일종의 가이드라인(Guideline)이다.

1) 협상 상대방의 성과를 시기하지 말아야 한다. (상대방에 대한 시기는 감정에 대한 비합리적인 대응과 맞대응으로 이어져 최악의 결과를 낳게 됨)

2) 협상 상대방을 먼저 배반하지 말아야 한다.

3) 협력하면서도, 상대방이 먼저 배반할 경우에는 하는 수 없이 배반으로 맞대응하여 보복하여야 한다. (상대방의 협력을 끌어내기 위한 수단으로 배반을 사용하여야 함)

4) 협상의 과정에서 너무 약삭빠르게 하지 말아야 한다. (협상에서는 당사자 간의 안정적인 협력 여건을 조성함이 무엇보다도 중요함)

협상 셀프 체크 리스트(Self-checklist) (Bazerman & Neale, 1992)

1 협상자로서 이전의 의사 결정을 정당화하기 위한 협상 행동을 추구하고 있지는 않은가?

2 자신에게 이로운 것은 반드시 상대에게 해롭다거나, 그 반대로 생각하고 있지는 않은가?

3 자신이 설정한 최초의 기준점에 의해 협상 행동이 비합리적으로 영향을 받고 있지는 않은가?

4 협상에 대해 또 다른 시각을 제시해 줄 별도의 과제 구조(Framing)는 없

는가?

5 정보의 구독 가능성에 의해 영향을 받고 있거나, 협상에서 중요하나 접근하기 어려운 정보를 무시하고 있지 않은가?

6 상대방의 의사 결정이 협상에 미칠 영향과 그 과정 및 빠질 수 없는 오류 등은 충분히 고려하고 있는가?

7 자신의 판단에 지나친 확신을 갖고 있지 않은가?

5장

파이낸싱
(FINANCING)

01
파이낸싱의 의의와 필요성

"강한 자가 살아남는 것이 아니라, 살아남는 자가 강한 자다."

이 문구는 오늘날 M&A 시장에서 자주 인용된다. 가격 경쟁에서 승리하기 위해 과도한 자금을 조달하여 기업을 인수할 경우 발생하는 '승자의 저주(Winner's Curse)' 현상을 비유적으로 표현한 것이다.

대표적인 사례로는 2006년 대우건설 인수전에 6조 원을 들고 참여한 금호아시아나그룹, 홈에버(Homever)를 인수한 이랜드그룹, 2007년 명지건설과 남광토건을 인수한 대한전선그룹, 2008년 하이마트를 인수한 유진그룹 등이 있다.

M&A를 진행할 때 자금 조달은 필수적이다. 아무리 좋은 인수 기회가 있어도 이를 실행할 자금이 없다면 거래는 불가능하다. 특히 대규모 거래일수록 다양한 금융 기법을 활용한 자금 조달이 필요하다.

자금이 충분하다면 가장 단순한 방식은 가지고 있는 현금으로 기업을 인수하는 것이다. 그러나 실제 M&A 시장에서 이런 경우는 생각보다 드물다. 대부분의 기업 인수에는 상당한 자금이 필요하기 때문에 차입을 활용하는 것이 일반적이다. 이는 주택을 구매할 때 대출을 활용하는 것과 비슷한 원리다.

흥미로운 점은 충분한 유보 자금을 보유한 기업조차도 차입을 통해 인수를 진행하는 경우가 많다는 것이다. 이는 보유 현금을 절약하기 위한 목적 외에도 투자 대비 수익률(ROI)을 극대화하기 위한 방안이다.

예를 들어, 1,000억 원 규모의 기업을 인수할 때 전액을 자기 자본으로 투입하는 것보다 500억 원은 차입하고 500억 원만 투자하는 것이 수익률 극대화에 더 유리할 수 있다. 이후 1,000억 원의 수익이 발생할 경우, 전자는 100%의 수익률을 달성하지만 후자는 200%의 수익률을 기록하게 되기 때문이다.

하지만 차입은 양날의 검과 같다. 인수한 기업이 기대만큼 성과를 내지 못하거나 예상치 못한 외부 요인으로 경영 환경이 악화할 경우, 부채 부담이 기업의 생존을 위협할 수도 있다. 특히 최근과 같이 금리 변동성이 높은 환경에서는 리스크가 더욱 커질 수 있어 차입 규모를 결정할 때 신중한 판단이 필요하다.

M&A의 자금 조달은 일반적인 가계 대출에 비해 매우 복잡하며, 여러 이해 관계자와 재무적 고려 사항들이 얽혀 있다. 합리적인 자금 조달 계획을 수립하기 위해서는 필요 자금 조달 금액을 최소화하는 것이 핵심이다. 자금 조달 규모가 커질수록 절대적인 비용이 증가하고 자금 사용을 위한 한계 비용도 증가하게 된다. 이에 M&A 실무에서 자주 활용되는 주요 체크 사항들을 살펴보자.

1. 전체적인 윤곽 설정 및 기업 분석

전체적인 윤곽을 수립하고 피인수 기업의 수익성과 재무 상태를 정확히 파악한다.

2. 최적 조달 조건 확보

최고 우선순위 담보 제공과 높은 보증을 통해 최저 이자율로 조달 가능한 금액을 최대화한다.

3. 현금 흐름 확보

매도자 금융(Seller Financing) 및 고금리의 후순위 메자닌 금융(Subordinate Mezzanine Financing) 상환 요구에 대응하기 위해 충분한 현금 흐름을 준비한다.

4. 운영 자금 준비

예상 가능한 현금 흐름의 일시적 변동과 계절적 변화를 고려하여 적절한 운영 자금을 확보한다.

5. 자산 효율화

사무실, 건물, 생산 설비 등을 매각한 후 재임대(Sale & Lease Back)를 통해 보유 자산을 보다 효과적으로 운용함으로써 자금 조달 규모를 축소하고 금융 비용을 절감한다.

6. 상환 조건 설계

현금 흐름이 개선될 경우 중도 상환 위약금 없이 채무를 조기 상환할 수 있도록 차입 조건을 구성하고, 현금 흐름이 악화할 경우 후순위 채권에 대한 상환 연기가 가능하도록 조건을 설정한다.

한편, 이 과정에서 반드시 고려해야 할 사항은 적절한 레버리지 효과(Leverage Effect)이다. 파이낸싱(Financing)의 모든 개념에는 레버리지의 극대화가 전제되어 있지만, 이는 반드시 적절한 수준의 레버리지일 때만 효과를 발휘한다.

레버리지는 '지렛대'를 활용한다는 것인데, 작은 힘으로 무거운 물체를 들어 올리듯 적은 자본으로 큰 사업을 하는 방식을 뜻한다. 가령 100억 원의 자금이 있다고 해보자. 이 돈으로만 사업을 하는 것보다, 은행에서 200억 원을 더 빌려 300억 원으로 사업을 하면 더 큰 수익을 올릴 수 있다. 물론 이자를 내야 하지만, 그만큼 더 큰 사업 기회를 잡을 수 있는 것이다.

M&A 시장에서는 이런 레버리지가 더욱 중요하다. 기업을 인수하려면 많은 돈이 필요한데, 자기 돈만으로는 부족할 때가 많다. 다만 많은 기업이 레버리지를 통해 성장했지만, 그로 인해 무너진 기업들도 많다는 점을 말해두고 싶다. 이에 감당할 수 있을 만큼만 활용하는 것이 중요하다.

그러면 '적당히'가 어느 정도일까? 사실 기업마다 상황이 너무도 다르기에 단정하여 말하기는 어렵다. 다만 현금이 빠르게 도는 사업인지, 느리게 도는 사업인지에 따라 감당 가능한 채무가 달라질 수 있다.

가령 요식업의 경우 손님이 음식을 먹고 바로 계산하니 매출이 실시간으로 발생한다. 그래서 요식업 기업을 인수한다면 상대적으로 많은 빚을 낼 여력이 있다. 매일매일 들어오는 수익으로 차근차근 갚아나갈 수 있기 때문이다. 경험상 80%까지 레버리지를 이용한 경우도 보았다. 물론 요식업도 음식의 트렌드나 경쟁 상황 등 변수가 많으므로 되도록 레버리지가 없는 것이 안정적이기는 하다.

반면 건설업은 이야기가 완전히 다르다. 아파트 하나를 짓는 데도 몇 년이 걸린다. 땅을 사고, 건물을 짓고, 분양해서 돈을 받기까지 오랜 시간이 필요하다. 그동안 들어가는 돈은 엄청나지만, 실제로 수익이 나기까지는 한참을 기다려야 한다.

예를 들어, 어떤 건설사가 대형 아파트 단지를 짓는다고 하자. 처음에 땅을 사고 공사를 시작하려면 엄청난 돈이 필요하다. 하지만 아파트가 완성되어 분양이 끝나기 전까지는 돈이 거의 들어오지 않는다. 만약 이때 공사가 지연되거나 부동산 경기가 나빠지면 어떻게 될까? 이자는 계속 늘어나는데 수입은 없으니 금세 위기에 빠질 수 있다. 개인적 견해로 이렇게 자금 회전이 느린 산업의 경우 차입률이 50%를 넘기면 실무상 위험하다고 생각한다.

과도한 레버리지를 사용하다 대상 기업과 인수 기업 모두를 위험에 빠뜨리는 경우를 많이 보아왔다. 자신의 업종이 가진 특성을 정확히 파악하고 상황 변수까지 고려하여 적절한 레버리지를 활용하는 것이 중요하다.

02
M&A 대금 지급 방법

현금 인수

M&A 시장에서 주목받는 장면 중 하나는 창업자가 회사를 매각하고 거액의 현금을 받는 순간일 것이다. 벤처 신문이나 경제면에서 종종 볼 수 있는 기사다. 'ㅇㅇ기업 창업자, ××억 원에 지분 매각', '스타트업 창업자, M&A로 대박'. 이런 거래의 대부분이 현금 인수 방식으로 이루어진다.

현금 인수(Cash Deal)는 인수자가 피인수 기업의 주식이나 자산을 매입할 때 전액 현금으로 지급하는 거래 방식이다. 마치 물건을 살 때 현금으로 계산하는 것처럼, 기업 인수도 현금으로 깔끔하게 마무리하는 방식이라고 볼 수 있다.

현금 인수에서 가장 기본이 되는 방식은 인수하려는 기업이 가지고 있는 현금을 쓰는 것이다. 평소에 돈을 잘 벌어서 현금이 충분한 기업이라면 자기 자본만으로도 가능하다. 이렇게 하면 따로 돈을 빌리지 않아도 되니 나중에 갚을 빚도 없어 회사 재정에 부담이 없다는 장점이 있다.

하지만 대부분의 경우에는 회사를 인수하는 데 필요한 금액이 너무 커서 외부에서 돈을 빌려와야 한다. 가장 많이 쓰는 방법이 바로 차입금을 활용하는 것이다. 은행에서 대출을 받거나, 회사채라는 것을 발행해서 투자자들에게서 돈을 빌리거나, 전문 투자 회사의 투자를 받는 방식을 사용한다. 여기서 특히 레버리지 바이아웃(LBO)이라는 방식이 있는데, 이는 사려고 하는 회사의 자산을 담보로 잡고 돈을 빌리는 방식이다. 주로 사모 펀드들이 이런 방식을 많이 쓴다.

때에 따라서는 회사가 가진 자산이나 별로 중요하지 않은 사업 부문을 팔아서 현금을 마련하는 방법도 있다. 예를 들어 어떤 회사가 미래 성장을 위해 새로운 기술을 가진 회사를 사고 싶은데, 당장 현금이 부족하다면 지금 하고 있는 사업 중에서 크게 중요하지 않은 부분을 팔아서 돈을 마련할 수 있다.

현금 인수가 가진 가장 큰 장점은 거래 구조가 비교적 단순하고 거래가 단시간 내에 종결된다는 점이다. 주식으로 교환하는 방식을 생각해 보자. 대금 지급의 역할을 하는 주식의 가격이 오르락내리락하면 그때마다 교환 비율을 다시 계산해야 하며 이 과정에서 매도자와 협의도 필요할 수 있다. 복잡한 가치 평가 절차가 필요한데, 현금으로 사면 이런 번거로움을 피할 수 있다. 회사를 파는 쪽 입장에서도 계약서에 도장을 찍으면 바로 현금으로 받을 수 있으니 자금 운용이 한결 수월해진다.

반면에 현금 인수의 단점은 인수하는 기업의 재무 부담이 커진다는 점이다. 큰 규모의 현금을 한 번에 지출하면 기업의 유동성이 줄어들고, 돈을 빌려서 조달하는 경우에는 부채 비율이 올라갈 수 있다. 이렇게 되면 기업의 신용등급이 떨어질 수 있고, 나중에 추가로 자금을 조달하기가 어려워질 수 있다.

주식 인수

이에 반해 주식 인수(Stock Deal)는 회사를 살 때 현금 대신 주식으로 대금을 치르는 방식이다. 쉽게 말해 피인수 기업의 주주들이 가지고 있던 주식을 인수 기업의 주식으로 바꾸는 것이다. 이렇게 하면 피인수 기업의 주주들은 인수 기업의 새로운 주주가 된다. 현금으로 사는 방식과 비교하면, 인수하는 기업 입장에서는 큰돈을 마련하지 않아도 된다는 장점이 있다.

주식 인수는 크게 두 가지 방식으로 나눌 수 있다. 첫 번째는 '전액 주식 교환(100% Stock-for-Stock Deal)'이다. 말 그대로 인수 대금을 전부 주식으로만 지급하는 방식이다. 이렇게 하면 피인수 기업의 주주들은 모두 인수 기업의 주주가 되어 앞으로도 회사가 성장하는 과정에 함께 참여할 수 있다.

두 번째는 '부분 주식 + 부분 현금 지급(Hybrid Deal)' 방식이다. 말 그대로 인수 대금의 일부는 주식으로 주고, 나머지는 현금으로 주는 방식이다. 이렇게 하면 피인수 기업의 주주들은 당장 쓸 수 있는 현금도 받고, 동시에 인수 기업의 주식도 가질 수 있어서 나중에 회사가 더 성장하면 그 혜택도 볼 수 있다. 이 방식은 주식과 현금 비율을 조절해 다양한 상황에 적용하며 양자에게 유리하게 거래 구조를 수립할 수 있다는 장점이 있다.

인수 기업 입장에서 주식 인수 방식의 가장 큰 장점은 현금 유출을 최소화하고 재무 건전성을 지킬 수 있다는 점이다. 회사를 살 때 현금 대신 자기 회사의 주식으로 지급하기 때문에, 큰돈을 마련할 필요가 없다. 이는 돈을 빌리지 않아도 되거나 빌리더라도 적은 금액으로 해결할 수 있다는 뜻이다. 부채 비율이 늘어나는 것을 피할 수 있어서 회사의 재무 상태를 건강하게 유지할 수 있다. 특히 당장 쓸 수 있는 현금이 부족한 기업이나 큰 규모의 인수를 하려는 기업에는 현실적인 선택이 될 수 있다.

기존 주주와 경영진이 계속해서 회사와 관계를 유지할 수 있다는 것도 큰 장점이다. 주식으로 인수하면 피인수 기업의 주주들이 인수 기업의 주식을 받게 되므로, 단순히 회사를 파는 것이 아니라 장기 투자의 개념으로 참여하게 된다. 이렇게 되면 기존 주주들은 새로운 회사가 성장하는 과정에 함께할 수 있고, 경영진도 계속해서 회사를 이끌어갈 동기가 높아진다. 특히 기술 회사나 바이오, 금융 분야처럼 핵심 인재를 지키는 것이 중요한 산업에서는 주식 인수가 두 회사를 안정적으로 통합하는 데 도움이 된다.

피인수 기업의 입장에서는 세금 측면의 이점이 있을 수 있다. 나라에 따라 다르지만, 주식을 교환하는 방식의 M&A에서는 자본 이득세를 나중으로 미룰 수 있는 경우가 있다. 현금으로 받으면 바로 양도 소득세를 내야 하지만, 주식으로 교환하면 새로운 주식을 계속 보유하는 형태가 되어 세금 납부를 나중으로 미룰 수 있다. 이는 피인수 기업의 주주들이 당장의 세금 부담은 피하면서도 장기적인 투자 기회를 가질 수 있게 해준다.

주식 인수에도 물론 단점이 있다. 가장 대표적인 것이 기존 주주의 지분이 줄어드는 '지분 희석(Dilution)' 문제다. 인수하는 기업이 피인수 기업 주주들에게 새로운 주식을 발행하여 인수하게 될 경우, 당연히 기존 주주들의 지분율은 낮아질 수밖에 없다. 이는 기존 주주들에게 불리하게 작용할 수 있어서 반발을 불러올 수도 있다. 특히 많은 양의 주식을 새로 발행하게 되면 회사의 지배 구조에도 영향을 미칠 수 있어서, 주요 주주들의 동의를 받는 것이 매우 중요하다.

M&A는 다양한 이해관계와 상황들이 얽히기 때문에 어느 한쪽의 방식이 완벽하게 더 좋다고 할 수는 없다. 각 방식의 장단점을 이해

하고 상황에 맞게 적용하는 지혜가 필요하다. 실무적으로는 현금 인수와 주식 교환을 혼합하여 사용하는 것이 가장 선호되는 방법이다.

03
파이낸싱 리스크와 관리

대규모 자본이 투입되는 M&A의 특성상, 자금 조달 방식을 잘못 선택하면 기업이 감당하기 어려운 상황에 직면할 수 있다. 자금 조달을 하며 주의해야 할 리스크와 해결 방안을 함께 알아보자.

유동성 리스크

가장 흔히 겪는 것은 유동성으로 인한 리스크다. 특히 M&A 초기에는 자금 부담이 급격히 증가하는 경우가 많다. 인수 통합 비용, 구조 조정 비용, 시스템 통합 비용 등 예상보다 많은 자금이 필요하다. 이 과정에서 매출이 기대만큼 오르지 않거나 비용 절감 효과가 즉각적으로 나타나지 않는다면, 현금 흐름이 급격히 악화할 수 있다.

M&A의 핵심 목표 중 하나는 시너지 효과를 창출하는 것이지만, 이는 생각보다 오랜 시간이 걸린다. 기업 간 문화 차이를 조정하고, 경영 방식을 통합하며, 운영 효율화를 이루는 데는 상당한 시간이 필요하다. 만약 인수한 기업이 기존보다 낮은 수익성을 보이거나, 시장 환경이 악화하면서 매출이 줄어든다면 유동성은 더 악화할 수 있다. 이러한 상황에서 추가적인 자금 조달이 필요하다면 문제는 더욱 복잡해진다. M&A 이후 기업의 부채 비율이 이미 증가한 상태라면, 신규 차입이 예상보다 어려워질 가능성이 높다.

빚이 많으면 기업의 움직임도 둔해진다. 좋은 투자 기회가 생겨도, 이미 빚이 많아 추가로 돈을 빌리기 어렵다. 또한 당장 빚을 갚아야 하니 장기적인 성장보다는 눈앞의 현금 확보에 급급해진다. 새로운 사업에 뛰어들거나 시설을 개선하는 것도 쉽지 않다. 결국 경쟁사들에 뒤처지는 결과를 낳을 수 있다.

이러한 리스크를 방지하기 위해서는 M&A 전후로 철저한 현금 흐름 분석과 관리가 필요하다. 단기적으로 발생할 수 있는 유동성 위기를 예측하고, 이에 대비할 수 있는 전략을 미리 준비해야 한다. 일정 수준의 현금 보유량을 유지하거나, 필요시 신속하게 활용할 수 있는 신용 한도를 확보하는 것이 중요하다.

또한 단기 유동성 확보를 위한 자산 매각이나 비핵심 사업 정리 전략도 고려해야 한다. 매각 가능한 비핵심 자산이 있다면 이를 조기에 정리해 유동성을 확보하고, 핵심 사업에 집중할 수 있도록 구조를 재정비하는 것이 효과적이다.

금리 상승 리스크

금리 상승으로 인한 리스크도 간과할 수 없다. 변동 금리로 차입을 했다면 시장 금리가 오를 때마다 이자 부담이 커지게 된다. 처음에는 낮은 금리로 시작했더라도, 이후 금리가 오르면 기업이 부담해야 할 금융 비용은 급격히 증가한다. 가령 예상치 못한 정치, 경제적 이유로 금리가 높아질 수 있다.

이러한 리스크에 대비하기 위해서는 차입 구조를 적절히 설계해야 한다. 고정 금리와 변동 금리를 적절한 비율로 혼합하여 리스크를 분산하는 것도 방법의 하나다. 금리 상승이 예상되는 시기라면 고정 금리 대출의 비중을 높여 이자 비용을 안정적으로 관리할 필요가 있다.

한편으로는 금리 헤지 상품을 활용하는 것도 하나의 방법이다. 이자율 스왑(Interest Rate Swap, IRS)과 같은 파생 상품을 통해 변동 금리로 인한 리스크를 일정 부분 줄일 수 있다. 무엇보다 근본적인 방안은 시장의 금리 흐름을 지속적으로 주시하면서, 상황에 맞게 차입 구조를 조정해 나가는 것이다.

환율 변동 리스크

만약 해외 M&A를 한다면 환율 변동 또한 큰 리스크가 될 수 있다. 특히 외화로 자금을 조달하거나 해외 기업을 인수하는 경우에는 더욱 주의가 필요하다.

환율이 오르면 외화 차입금의 상환 부담이 커진다. 가령 미국 달러로 자금을 빌린 기업이 원화 약세를 맞닥뜨리면, 같은 금액을 갚더라도 원화로 환산했을 때 더 큰 비용이 들게 된다.

또한 인수 계약을 체결하고 실제로 거래가 완료되기까지는 상당한 시간이 걸리는데, 이 기간 동안 환율이 크게 변동하면 처음 예상했던 인수 금액과 실제 지급해야 하는 금액이 달라질 수 있다.

통화 헤징 전략은 이러한 리스크를 관리하는 데 도움이 된다. 가장 대표적인 방법은 선물환 계약을 활용하는 것이다. 미리 정해진 환율로 외화를 사고팔 수 있는 계약을 맺어두면, 예상치 못한 환율 변동으로 인한 손실을 막을 수 있다.

04
LBO

LBO란

　해외 M&A 시장에서 자주 볼 수 있는 인수 방식 중 하나가 바로 LBO(Leveraged Buyout)다. 자신의 돈을 최소한으로 쓰고 높은 레버리지를 활용하기 위해 사용하는 방식이며 특히 사모 펀드나 금융 투자자들이 자주 활용한다.

M&A 시장에서 많이 사용되는 방법으로 인수 대상 기업의 자산이나 향후 현금 흐름을 담보로 다양한 종류의 금융기관 등에서 차입하여 M&A 파이낸싱을 지급하는 방법이다. 일반적으로 M&A를 하는 회사의 신용도 또는 자금력은 취약하지만 인수 대상 회사의 신용도 또는 자금의 흐름이 양호한 경우 주로 사용한다.

대출과의 차이는 LBO는 인수하려는 회사의 자산과 앞으로 벌어들일 현금을 담보로 돈을 빌린다는 것이다. 쉽게 말해 사려는 회사의 자산을 이용해 대출을 받는 것이다. 덕분에 인수자는 처음에 들여야 할 돈을 크게 줄여 투입 비용 대비 높은 수익률을 기대할 수 있다. 은행의 입장에서는 일종의 공동 투자를 하는 셈이 되어 일반 담보 대출보다 높은 금리를 받을 수 있다.

LBO를 성공적으로 활용하기 위해서는 적절한 인수 대상을 고르는 것이 가장 중요하다. LBO는 결국 인수한 회사가 벌어들이는 현금으로 빚을 갚아나가는 구조이기 때문에, 안정적으로 수익을 낼 수 있는 회사를 찾아야 한다.

무엇보다도 현금 흐름이 안정적인 회사를 인수하는 것이 유리하다. 예를 들어 구독형 비즈니스나 필수 소비재를 만드는 회사처럼 안정적으로 현금이 들어오는 산업이 LBO에 유리하다. 또한 빚을 제때 갚으려면 꾸준히 이익이 나와야 하고, 경기가 나빠져도 매출이 크게 흔들리지 않아야 한다.

대상 기업이 기존에 얼마나 빚이 있는지도 중요하다. 이미 부채가 많은 회사는 추가로 돈을 빌리기가 어렵다. 설령 빌린다 하더라도 이자 부담이 너무 커서 LBO 이후 재무적으로 큰 어려움을 겪을 수 있다. 그래서 기존 차입금이 적고 재무구조가 건전한 회사가 LBO에 더 적합하다.

매각할 수 있는 자산이 있는지도 살펴보는 것이 좋다. 인수한 뒤 쓰지 않는 자산을 팔아서 빚을 일찍 갚을 수 있다면 LBO 성공 가능성이 더 높아진다. 부동산이나 주력 사업이 아닌 부문을 가진 회사라면, 이를 매각해서 차입 부담을 줄일 수 있다.

반면 현금 흐름이 불안정한 회사는 LBO에 적합하지 않다. 적자를 보고 있거나 매출이 불안정하게 오르내리는 회사는 예상만큼 현금을 만들어내지 못해 빚을 갚기 어려울 수 있다. 스타트업이나 고성장 기업처럼 계속해서 투자가 필요한 회사는 LBO로 인수하기에는 위험하다.

일반적인 LBO 대상 적합 기업의 성격

1. 시장 수요가 안정적인 기업
2. 산업의 성장률이 낮은 기업
3. 비교적 우수한 기술을 보유한 기업
4. 외국 기업과 경쟁 관계가 적은 기업
5. 인수 대상 기업 이사회 구성이 외부 비경영진으로 구성된 기업

세계적인 IB인 ABN-AMRO의 실증적 조사 결과에 따른 LBO 대상 적합 기업의 성격

1. 강하고 안정적인 현금 흐름이 있는 기업

2. 우수한 시장 점유율(Market Share)을 보유한 기업

3. 우수한 브랜드 파워(Brand Power)를 지닌 기업

4. 진입 장벽이 있는 시장의 기업

5. 훌륭한 경영진이 있는 기업

6. 자본 지출 대비 탄탄한 자산으로 형성된 기업

7. 비용 절감이 가능한 기업, 즉 노동의 생산성과 기타 효용의 증대가 가능한 기업

LBO의 일반적인 구조

앞서 언급한 LBO의 구조를 도식으로 나타내면 다음과 같다.

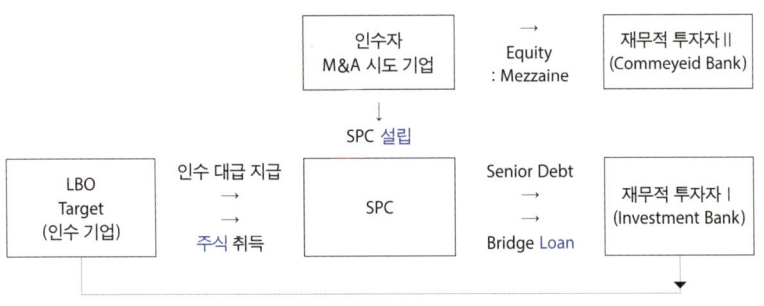

1. SPC를 통한 자금 조달

인수 회사가 자회사로 SPC(Special Purpose Company)를 설립한 후, SPC를 통한 외부 차입으로 대상 회사 인수에 필요한 대부분의 자금을 조달한다.

2. 대상 회사 자산을 통한 부채 상환

조달된 부채는 인수 후 대상 회사의 자산이나 현금 흐름을 통해 상환된다.

3. 대상 회사 자산의 담보 제공

부채 상환을 보장하기 위해 대상 회사의 자산을 담보로 제공한다.

4. 높은 레버리지 구조

SPC의 부채 비율 혹은 타인 자본 대 자기 자본 비율이 매우 높다.

그런데 우리나라는 이러한 LBO 구조에 몇 가지 제약이 존재한다.

첫째, 인수 회사가 자회사로 설립한 SPC의 부채에 대해 일정 비율의 책임을 지고 상환 의무를 부담하도록 하고 있다. 즉, 상당 규모의 지분 출자 또는 보증 제공을 통한 신용 보강을 요구하고 있는 것이다.

둘째, 부채 상환을 위해 대상 회사의 자산을 담보로 제공하는 경우 대상 회사 이사의 배임죄가 성립할 수 있어 대상 회사 자산의 담보 제공에 제약이 있다. 인수자가 별도 자금 없이 피인수 회사의 자산을 담보로 돈을 빌린 후 이 자금을 활용해 대상 기업을 인수하면 배임죄가 성립하게 된다.

하지만 이러한 배임죄 리스크를 회피할 방법이 있다. 인수자가 SPC를 설립하여 SPC가 차입한 자금으로 피인수 기업과 합병을 진행하면 배임죄가 적용되지 않는다. 이는 SPC와 피인수 기업의 합병 과정에서 피인수 회사 주주들이 주식 매수 청구권을 행사할 수 있기 때문이다.

LBO의 파이낸싱 구조

LBO의 재무적 구조는 다음과 같다.

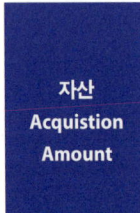

1. Equity

총 인수 대금의 10~15%를 자본금으로 조달하는데, 외부 투자자들이나 현재의 최고 경영진, LBO 전문 회사들이 자본금의 일정 부분을 주식으로 투자하는 것이다. 즉, LBO 대상 기업에 대해 일정 기간 약정 수익률을 얻은 후 재매각하여 수익을 실현하는 형태로 외부 투자자들이 자금을 투입하는 것이다.

2. Second Floor Financing

Senior Debt로 구성되는 것으로 인수 대금의 50~60%로 구성된다.

3. Mezzanine Financing

Subordinated Debt의 발행을 통해 조달되는 형태이며 보통 인수 대금의 30% 정도를 구성한다. 그런데 여기에는 보통 PIK(Payment-in-kind) 조항을 삽입하는 경우가 많다. 이는 Mezzanine Financing이 이루어진 후 예기치 못한 상황이 발생하여 이자를 현금화하지 못하는 경우, 동일한 조건의 채권을 발행하여 지급하는 것을 뜻한다.

4. Bridge Loan

LBO의 자금 규모가 일반적으로 크기 때문에 일시적인 공백이 발생하는 경우 상업 은행 등은 LBO 시도자가 Junk Bond 발행을 통해 상환할 것을 전제로 Temporary Lending을 하게 되는 것을 의미한다.

LBO 구조 총 정리

	Senior Debt Finance	
	Team Loan	Revolving Credit
형태 및 특징	· 만기 7~10년의 상업 은행 또는 보험 회사의 대출	· 운용 자금의 소요에 따라 한도가 변하는 금융 형태
담보 형식	· 고정 자산에 대한 1순위 · 유동 자산 또는 1순위 2순위 주식 담보	· 유동 자산(재고 매출 채권) 1순위 · 고정 자산 1순위 또는 2순위 · 주식 담보
Acquisition Finance 구성비 (평균 비율)	20~90% (50~60%)	
이자율	Prime Rate	
투자자	상업 은행 · 보험 회사 · 소비자 금융사	상업 은행

	Mezzanine Finance	
	Subordinated Debt	**Seller's Note**
형태 및 특징	· 만기 10~15년의 후순위 채권으로 일반 후순위 대출 (전환 사채, 신주 인수권부 사채)	· 기업 매도자의 Take-back 금융 (어음, 우선주)
담보 형식	· 고정, 유동 자산에 대한 2, 3순위 또는 무담보	· 담보 없음
Acquisition Finance 구성비 (평균 비율)	0~59% (30%)	
이자율	TB Rate	
투자자	보험 회사 · 연금 기금 벤처 캐피탈 · 투자 은행 등	기업 매도자

	Equity Finance	
	Preferred Stock	**Common Stock**
형태 및 특징	무의결권, 우선 배당주	의결권 있는 보통주
담보 형식	담보 없음	
Acquisition Finance 구성비 (평균 비율)	1~30% (10~20%)	
이자율	우선 배당	배당
투자자	Subordinated Debt 투자자 또는 Common Stock 투자자	기업 매입자, LBO 펀드

01
PMI의 개념과 중요성

　M&A는 거래가 끝난 뒤부터 시작이라고도 할 수 있다. 두 회사를 하나로 합치는 과정, 즉 PMI(Post-Merger Integration)가 실제로 M&A의 성공을 좌우하기 때문이다. PMI는 회사를 합치는 서류상의 과정 이상으로, 재무, 운영 방식, 조직 구조, 기업 문화, 전산 시스템, 브랜드 등 회사의 모든 면을 통합하는 과정이다.

　M&A를 하는 핵심 이유는 시너지를 만들어내는 데에 있다. 비용은 줄이고, 시장 점유율은 높이고, 회사의 가치는 더 올리는 것이 목

표다. 하지만 두 회사가 제대로 하나가 되지 못하면 이런 목표는 달성하기 어렵다. 오히려 조직 내 갈등이 생기고 일이 제대로 돌아가지 않을 수 있다. 심하면 핵심 인재들이 회사를 떠나고 생산성이 떨어지면서 회사의 성장 동력 자체가 약해질 수도 있다.

많은 기업이 PMI를 소홀히 하여 딜 석세스(Deal Success)를 달성하지 못한다. 내가 보기에 가장 큰 이유는 M&A를 재무적인 관점에서만 바라보기 때문이다. 복잡한 협상과 실사 과정을 거치다 보면, 정작 합병 후에 두 회사를 어떻게 운영할지에 대한 고민은 뒷전으로 밀리기 쉽다. 특히 많은 경영진이 '직원들에게 돈만 잘 주면 된다'고 생각하지만, 이는 조직 문화를 하나로 만들고, 의사 결정 구조를 조정하고, 조직을 안정시키는 것이 얼마나 중요한지를 간과한 생각이다. M&A가 진행되면 대상 기업의 직원들은 불안감을 느낀다. 경영진이 이런 불안을 잠재우지 못하면, 핵심 인재들은 경쟁사로 옮기거나 새로운 회사를 차리기도 한다. 몇 명이 나가는 것이 별일 아닌 것처럼 보일 수 있지만, 이는 회사의 경쟁력과 성장 가능성을 크게 약화할 수 있는 심각한 문제다.

기업 문화가 충돌하는 것도 큰 문제다. M&A로 전혀 다른 두 회사가 하나가 되면, 일하는 방식과 의사 결정 방식, 경영 철학이 서로 다를 수밖에 없다. 이런 차이를 잘 조정하지 못하면 내부 갈등이 깊어지고 조직이 나뉘게 되어, 생산성과 효율성을 떨어뜨리게 된다. PMI에 실패하면 M&A의 목적을 달성할 수 없게 될 가능성이 높다. 얻으려 했던 시너지 효과도 제대로 나타나지 않는다. 비용을 줄이려 했는

데 오히려 늘어나고, 통합된 조직이 기대만큼 성과를 내지 못하면서 기업 가치는 예상보다 크게 떨어질 수 있는 것이다.

1998년, 독일의 다임러 벤츠가 미국의 크라이슬러를 인수했을 때 자동차 업계는 큰 기대에 부풀어 있었다. 다임러의 뛰어난 기술력과 크라이슬러의 혁신적인 디자인이 만나면 세계 최고의 자동차 회사가 탄생할 것이라 믿었기 때문이다. 하지만 기업 문화의 충돌을 비롯한 여러 문제 때문에, 9년 만에 다임러는 크라이슬러를 다시 팔아야 했고, 이 거래는 M&A 역사상 최악의 실패 사례 중 하나로 기록되었다.

다임러는 전형적인 독일 기업답게 엄격한 품질 관리와 수직적인 조직 구조를 중요하게 여겼다. 반면 크라이슬러는 미국식의 자유롭고 유연한 문화 속에서 빠른 결정과 창의적인 개발을 추구했다. 두 회사를 합치는 과정에서 이런 차이가 계속 부딪혔고, 결국 크라이슬러의 임원들과 핵심 인재들이 대거 회사를 떠나면서 조직이 흔들리기 시작했다. 두 회사는 제대로 협력하지 못했고, 기대했던 비용 절감이나 기술적 시너지도 전혀 나타나지 않았다. 서로 다른 문화를 하나로 만들지 못한 이 실패로 다임러는 큰 손실을 보았고, 결국 두 회사는 완전히 갈라서게 되었다.

M&A는 회사의 자산보다도 그 회사의 인적 자원을 얻는 일에 가깝다. PMI는 어쩌면 가격 다음으로 혹은 그와 동등한 위치에서 주요하게 고려되어야 할 사항이다. 전략 수립 단계부터 PMI 고려를 해야 한다는 것이다.

PMI는 주주의 이익 가치 향상이라는 진정한 딜 석세스의 결정적 요인이다. M&A 실무에서 PMI는 크게 3단계로 나누어 진행한다. 첫 번째 단계는 PMI 계획 수립이다. 두 조직 간의 커뮤니케이션 계획과 문화적 이슈 발생 지점을 파악하고, 조화롭게 통합할 방안을 모색하는 것이다. 두 번째 단계는 통합 비즈니스 전략 수립이다. 시너지 창출을 위한 변화 관리 전략을 수립한다. 세 번째 단계는 최적화 통합 방안 수립이다. 회사의 모든 분야에서 적극적인 통합 방안을 수행한다. 이는 조직, 시스템, 프로세스 등 전 영역에 걸친 종합적인 통합 작업을 의미한다.

이러한 계획 수립의 단계에서 원하던 통합 모델이나 시너지 창출이 어렵다고 판단되면 M&A 자체를 포기하는 결단도 필요하다. 그런 면에서 PMI는 단순히 '인수 후 통합(Post-Merger Integration)'이 아닌 '인수 전 통합(Pre-Merger Integration)'의 개념까지 포괄한다고도 볼 수 있다.

02
PMI 시 고려해야 할 사항

PMI 과정에서 고려해야 할 주요 통합 요소는 크게 세 가지로 나누어 접근할 수 있다.

전략적 통합

PMI 과정에서 가장 먼저 해결해야 할 것은 전략과 비전을 하나로 만드는 것이다. 통합된 회사가 한 방향으로 움직이려면, 인수하는 회사와 인수되는 회사가 함께 공감할 수 있는 명확한 목표를 세우고, 각 회사가 가진 핵심 경쟁력은 지키면서도 조화롭게 합칠 수 있는 전략을 만들어야 한다.

PMI의 첫걸음은 이번 M&A를 시작하게 된 목표를 다시 한번 상기하는 것이다. 시장 점유율 확대인지, 신기술 확보인지, 운영 효율을 제고하려는 것인지에 따라 PMI의 방식도 달라질 수 있다.

가령 운영 효율을 제고하기 위한 M&A라면 부서를 통합하여 중복되는 비용을 줄이는 방향으로 PMI가 전개되어야 할 것이다. 이 경우 인사, 재무, IT 등 지원 부서의 통합이 우선적으로 진행되며, 업무 프로세스의 표준화와 시스템 통합에 초점을 맞추게 된다. 이를 통해 인건비 절감, 구매력 강화, 자산 활용도 제고 등 시너지 효과를 극대화할 수 있다.

반면 새로운 기술 확보를 위한 M&A의 경우, 다소 운영 부분에서 비효율이 발생하더라도 대상 기업의 R&D 팀의 정체성과 자율성을 유지해 주는 것이 회사 전체적으로는 더 큰 가치를 창출할 수 있다. 핵심 기술 인력의 이탈을 방지하고 혁신 문화를 보존하는 것이 중요하기 때문이다. 이러한 경우 R&D 조직은 독립적으로 운영하되, 양사의 기술 협력을 위한 거버넌스(Governance) 체계를 구축하는 방향으로로 PMI를 설계해야 한다.

시장 점유율 확대가 목적이라면, 고객 기반과 영업 채널의 통합에 주안점을 두어야 한다. 이 경우 브랜드 전략, 고객 서비스 체계, 영업 조직의 통합 방안 등을 우선적으로 검토해야 한다. 아울러 이러한 목표는 경영진뿐 아니라 조직원들에게도 공유하는 것이 좋다.

조직 구조 및 인적 사항 통합

조직 구조와 사람을 효과적으로 하나로 만드는 것 또한 중요하다. 두 회사가 합쳐지면서 생기는 변화가 많다. 기존 경영진의 역할이 바뀌고, 비슷한 일을 하는 부서는 정리되거나 새로 꾸려져야 한다. 이런 것들이 제대로 정리되지 않으면 조직 안에서 혼란이 생기고 사람들이 반발할 수 있다.

경영진 문제부터 살펴보자. M&A 후에 가장 먼저 해결해야 할 과제 중 하나는 새로운 조직의 리더십 체계를 세우는 일이다. 기존 경영진과 새로운 경영진이 각각 어떤 역할을 할지 명확하게 정하지 않으면, 안에서 권력 다툼이 생길 수 있다. 이렇게 되면 조직이 제대로 돌아가기 어렵다.

또한 핵심 인재들을 잘 지켜내는 게 중요하다. 인수되는 회사 직원들은 앞날이 불안해서 다른 회사로 옮기려고 할 수 있다. 실력 있는 사람들이 경쟁사로 가버리면 회사에 큰 타격이 된다. 이걸 막으려면 보상이나 승진 기회 등에서 공정한 인사 제도를 도입하는 것이 좋다.

문화와 업무 수행 방식 통합

두 회사를 하나로 만드는 과정에서 각 회사의 문화가 어떻게 다른지 자세히 살펴보고, 이를 바탕으로 균형 잡힌 새로운 문화를 만들어가야 한다.

먼저 두 회사가 어떤 점에서 다른지 꼼꼼히 살펴봐야 한다. 조직을 운영하는 방식, 리더들의 스타일, 직원끼리 소통하는 방식, 중요하게 여기는 가치가 무엇인지 등을 비교해 봐야 한다. 여기서 중요한 건 한쪽 회사의 문화를 억지로 강요하면 안 된다는 것이다. 점진적으로 조정해 나가는 게 좋다. 두 회사가 가진 장점을 잘 조합해서 새로운 문화를 만들어가는 게 효과적이다. 디즈니와 픽사의 경우, 디즈니는 픽사의 창의적인 문화와 유연한 일하는 방식을 존중하면서 문화를 발전시켜 나갔다.

두 회사가 함께 공감할 수 있는 핵심 가치를 정하는 것도 중요하다. '혁신'이나 '고객 중심' 같은 가치는 대부분의 회사가 공감할 수 있다. 이런 것을 기반으로 통합 전략을 세우면 조직 안에서 반발을 줄일 수 있다.

일하는 방식도 꼭 맞춰야 할 부분이다. 두 회사의 업무 수행 방식이나 의사 결정 구조가 다르면 협업이 잘 안 될 수 있다. 이를 막으려면 일하는 방식과 의사 결정 구조를 표준화해야 한다.

가령 A 회사는 빠른 의사 결정을 위해 이메일로 주로 일하고, B 회사는 모든 결정을 회의를 통해 내린다고 하자. 이럴 때는 두 방식을 적절히 섞으면 된다. 빨리 결정해야 하는 건 이메일로 하고, 전략적으로 논의가 필요한 건 회의로 하는 식이다. 또 한 회사는 모든 결정을 본사에서 하고, 다른 회사는 현장에서 결정하는 걸 선호한다면, 누가 어떤 권한을 가질지 명확하게 정해야 한다. 이게 모호하면 조직이 혼란스러워질 수 있으니, 각 부서와 경영진이 어떤 역할과 책임을 갖는지 분명히 하고, 의사 결정 과정도 투명하게 운영해야 한다.

03
조직 문화와 프로세스 통합의 어려움

PMI(Post-Merger Integration)에서 실무상 중요한 것 중 하나는 조직 문화와 업무 프로세스를 통합하는 일이다. 이를 위해서는 조직 문화 그리고 프로세스가 무엇인지에 대한 이해가 필요하다.

조직 문화란 한 기업이 가진 가치관, 신념, 행동 양식, 그리고 의사 결정 방식을 말한다. 쉽게 말해 그 회사만의 '색깔'이라고도 할 수 있다. 직원들이 어떻게 소통하고 일하는지, 리더들이 어떤 방식으로 조직을 이끄는지, 새로운 변화는 어떻게 받아들이는지 같은 것들이 모두 조직 문화에 포함된다. 가령 어떤 회사는 수평적이고 자유로운 분위기를 중요하게 여기는 반면, 다른 회사는 체계적이고 위계적인 것을 선호할 수 있다.

업무 프로세스는 회사가 목표를 이루기 위해 만든 일하는 방식과 시스템을 뜻한다. 조직이 어떻게 움직이고, 일은 어떤 순서로 처리되며, 의사 결정은 어떻게 이뤄지는지를 포함한다. 이는 회사가 시장에서 살아남기 위한 핵심이다.

회사의 조직 문화와 업무 프로세스는 하루아침에 만들어지는 것이 아니다. 오래된 나무가 자라나듯 시간이 쌓이면서 천천히 자리 잡고 변해간다. 처음에는 창업자의 생각과 가치관이 밑바탕이 되고, 회사가 크면서 환경이 바뀜에 따라 문화와 일하는 방식도 함께 발전한다. 또 직원들이 겪은 경험과 행동이 쌓이면서 회사만의 표준이 만들어진다.

가령 애플을 예로 들어 보자. 애플은 스티브 잡스의 철학을 바탕으로 혁신적인 제품을 만드는 문화를 만들었다. 잡스는 디자인과 사용자 경험을 가장 중요하게 여겼고, 이는 제품을 만드는 과정에도 그대로 반영됐다. 현재는 CEO가 바뀌고 시장 상황이 변화하면서 재무적 부분을 우선적으로 신경 쓴다는 평을 듣기도 하지만, 지금도 애플은 혁신적인 디자인과 높은 품질을 지키면서 자기만의 독특한 기업 문화를 이어가고 있다.

또한 조직 문화와 프로세스는 '탑다운(Top-Down)' 방식으로 쉽게 변화할 수 있는 부분이 아니다. 직원들이 조직 안에서 겪은 성공과 실패가 쌓이면서 자연스럽게 자리 잡고, 일하는 방식에도 영향을 미치게 된다.

회사 안에서 공식적이든 비공식적이든 소통하는 방식이 반복되면서, 일하는 방식이 표준이 된다. 어떤 회사는 팀끼리 협력을 강화하려고 정기적인 회의 문화를 만들 수도 있고, 다른 회사는 빠른 의사 결정을 위해 보고 체계를 단순하게 만들 수도 있다.

쉽게 바뀌지 않는 이유

이렇게 쌓여온 회사의 조직 문화와 일하는 방식은 단순히 지침을 바꾸거나 새로운 정책을 도입한다고 쉽게 바뀌지 않는다. 오랫동안 쌓아온 생각하는 방식과 행동 습관, 회사 안에 자리 잡은 관행과 규범이 서로 얽혀 있기 때문이다.

애초에 사람이 바뀌는 것은 쉽지 않은 일이다. 꼭 M&A 상황이 아니더라도 사람을 설득해 본 경험이 있다면 한 번쯤 느껴 보았을 것이다. 회사에서도 마찬가지다. 직원들의 생각하는 방식과 행동 습관은 쉽게 바뀌지 않는다. 가령 관료적인 조직이 갑자기 실리콘 밸리의 스타트업처럼 자율성과 창의성을 강조하는 조직으로 바뀌는 건 거의 불가능하다. 관료적인 회사에서는 의사 결정이 위계질서를 따라 이뤄지고, 직원들은 상사의 허락 없이는 중요한 결정을 내릴 수 없는 방식에 익숙하다. 반면에 실리콘 밸리 회사들은 열린 소통과 빠른 의사 결정을 강조하는데, 이런 변화는 기존 직원들에게 큰 부담이 될 수 있다.

또한 회사 안에는 보이지 않는 규칙들도 많다. 문서로는 적혀 있지 않지만 모두가 알고 있는 관행과 규범이 회사 운영 전반에 영향을 미치는 것이다. 이런 것들은 더더욱 바꾸기 어렵다.

일본 대기업의 연공서열 문화를 예로 들어보자. 일본 기업들은 오랫동안 오래 일한 사람이 더 높은 자리에 올라가는 승진 시스템과 평생 고용 문화를 유지해 왔다. 하지만 글로벌 경쟁이 심해지면서 성과 중심으로 바꾸려는 시도를 하고 있다. 그러나 이는 단순히 평가 방식을 바꾼다고 해결되지 않는다. 직원들이 경력을 쌓는 방식, 상사가 기대하는 것들, 조직 내 권력 구조 등 여러 요소가 얽혀 있어서 완전히 자리 잡으려면 오랜 시간이 필요할 것으로 생각한다.

따라서 M&A를 고려하는 기업은 지침이나 매뉴얼을 배포하는 정도로 달성하고자 하는 것처럼 PMI를 단순하게 생각할 것이 아니라 더 많은 노력을 들일 준비를 해야 한다. 한편으로 심지어 M&A 거래 구조가 안 좋은 경우에도 통합 전략이 훌륭한 경우 성공적인 M&A가 되기도 한다.

실무 PMI 전략에서 주요 고려사항 4가지

- 조직의 문화

- 종업원의 의사 소통 체계

- 종업원의 인사 관리

- 조직의 구조와 정보 체계

효과적인 실무 PMI 집행 절차 시행 도식

| 통합 프로그램의 신속한 실행 | 양사의 균형 있는 참여 | 공정성과 객관성 확보 | 발전지향적 커뮤니케이션 |

전략의 수정
(일방적 통합 자제)

- 양사의 상대적 규모(Relative Size)
- 양사의 업종 유사성(Business Similarity)

▶▶ 통합의 속도와 강도 조절

통합의 속도와 강도 선택
(네 종류의 Case 발생)

통합의 주요 Issue
1. 조직
2. 자산의 재구성(Portfolio Restructuring)
3. 비용 절감(Cost Reduction)
4. 시너지(Synergy) 효과 창출

실무상 널리 활용되는 규모와 업종의 유사성에 따른 PMI 전략

Case1   비슷한 규모로서 유사한 업종을 영위하는 기업의 경우
→ 통합의 범위를 광범위하게 하고 통합 추진 속도는 비교적 완만함이 바람직

Case2   비슷한 규모로서 서로 다른 업종을 영위하는 기업의 경우
→ 통합의 범위를 작게 하고 통합 속도를 완만하게 함으로써 양사의 장점 극대화 부각

Case3   서로 규모 차이가 나고 유사 업종을 영위하는 기업의 경우
→ 광범위한 통합을 전제로 통합 추진 속도를 빠르게 진행

Case4   서로 규모가 차이가 나고 업종도 다른 경우
→ 통합의 범위를 작게 하고 통합 추진 속도를 빠르게 함이 바람직

04
조직 구성원 감정 변화에 따른 PMI의 4단계 절차

회사의 인수 소식이 전해지면 직원들은 다양한 반응을 보인다. 익숙한 환경이 흔들리고 기존의 역할이 바뀔 수 있다는 불확실성 때문이다. 이때 이러한 심리적 동요와 감정적 변화를 잘 관리하는 것이 성공적인 PMI의 첫걸음이 될 수 있다. 감정에 따른 변화를 살펴보고, 효과적인 PMI 방법에 대해서 알아보자.

1단계 : 적대감

"감히 우리 회사를 점령하다니!"

기업을 인수하고 나면 대상 기업의 직원들은 새로운 경영진을 적대하는 경우가 많다. 일종의 '점령군'처럼 인식하는 것이다. M&A를 처음 해본 사람들은 예상치 못한 반발에 당황하는 경우가 많다.

이러한 감정은 마치 전쟁에서 패하여 나라를 뺏긴 듯한 느낌과 변화에 대한 두려움에서 기인한다. 일부는 사무실에 모여 기존 대표에게 회사를 지켜달라고 호소하기도 하고, 극단적인 경우에는 바리케이드를 설치하거나 파업과 같은 집단 행동으로 이어지기도 한다.

노조가 있는 기업이라면 상황은 더욱 복잡해진다. 노조는 경영권 변경이 곧 근로 조건 악화로 이어질 것을 우려한다. 기존 경영진과 맺은 단체 협약이 휴지 조각이 될 수도 있다는 불안감에, 즉각적인 교섭을 요구하거나 인수 반대 시위를 조직하기도 한다. 때로는 법적 대응까지 불사하는 강경한 입장을 보이기도 한다.

이런 상황에서 섣부른 개입은 오히려 독이 된다. 초기에 강하게 밀어붙이면 직원들의 반감만 키우고 조직 내부의 불안은 더욱 증폭될 뿐이다. 그 때문에 첫 단계에서는 직원들의 반응을 조용히 지켜보며 추이를 보는 것이 현명하다. 화를 내고자 하는데 화를 받아주는 사람이 없으면 사그라들기 마련이다. 안정적인 분위기를 조성하며 그들이 변화를 받아들일 시간을 주는 것이 좋은 방법이다.

2단계 : 공포와 불안감

"이제… 해고되는 것 아닌가?"

화를 낼 대상이 없어 적대감이 사그라들면 이후에는 현실적인 걱정이 떠오르게 된다. 가령 "저쪽 회사 부서에 이미 우리와 비슷한 부서가 있던데, 그러면 우리 부서는 없어지는 게 아닐까?", "이직을 준비해야 하나?"와 같은 마음이 드는 것이다.

보통 이런 혼란스러운 시기는 인수 후 1~3개월 사이에 찾아온다. 작은 소문 하나에도 조직이 술렁인다. "다음 주부터 구조 조정이 시작된대", "임원들은 다 바뀐대" 같은 말들이 사내에 퍼지면서 불안감은 더욱 커진다.

지금 시점에서 새로운 경영진들이 천천히 개입하기 시작하는 것이 좋다. 공식적인 발표 없이 시간이 흐르면 불안은 눈덩이처럼 불어난다. 대표가 직접 나서서 직원들과 소통하는 것이 먼저다. 이메일이나 영상 메시지, 내부 방송 등을 활용해 회사의 방향성을 명확히 전달해야 한다.

메시지는 단순하고 명확할수록 좋다. 가령 "새롭게 인수한 ○○입니다.", "새로운 출발을 함께하고자 합니다.", "조만간 찾아뵙고 인사드리겠습니다." 정도면 충분하다. 대상 기업의 직원들과 되도록 함께 가고자 한다는 뉘앙스와 함께 불확실성이 곧 해소될 것이라는 메시지를 주는 것이 좋다. 다만, 이때 지키지 못할 약속으로 기대를 키우는 것은 좋지 못하다.

3단계 : 허탈한 상실과 슬픔

"내 몸 바쳐 일해온 회사가 팔리다니… 슬프다."

불안함이 사그라들면 그 이후에 오는 것은 슬픔이다. 처음의 거센 반발과 불안함은 잦아들고, 현실을 받아들이는 모습이 보인다. 하지만 이는 긍정적인 수용이라기보다는 일종의 체념에 가깝다. 회사 곳곳에서 "우리가 이렇게 될 줄 누가 알았나"라는 자조 섞인 이야기가 들린다. 분노는 사그라들었지만, 그 자리를 허탈함과 상실감이 채우게 된 것이다.

이때가 바로 새로운 경영진이 본격적으로 나서야 할 시점이다. 이메일이나 공문으로는 부족하다. 직원들의 마음을 움직이려면 직접 얼굴을 마주하고 이야기를 나눠야 한다. 직원들에게 "앞으로 함께 갈 미래를 위해 직접 얼굴을 뵙고 인사 올리고 싶습니다. 부디 참석해주시길 부탁드립니다"와 같은 메시지를 전하고 강당이나 넓은 회의실에서 전체 직원들과 만나는 자리를 마련하는 것이다. 이때 대부분의 직원은 응하는 경우가 많다.

이런 자리는 너무 딱딱하게 진행하지 않는 것이 좋다. 간단한 다과나 떡을 준비하고, 편안한 분위기에서 이야기를 나누면 직원들도 한결 마음을 열기 쉽다. 이때 통합된 기업의 비전과 대상 기업의 직원들을 존중하겠다는 이야기 등을 구체적으로 나누는 것이 좋다. 사람 대 사람의 일인 만큼 수치적인 부분만 이야기하는 것보다는 감정에 닿을 수 있는 이야기도 함께하는 것이 좋다. 가령 대상 기업은 훌륭한 회사였고, 더 큰 뜻을 위해 불가피하게 인수하였으나 동반자로서 함께 미래를 그리고 싶다는 메시지가 될 수 있겠다.

4단계 : 조직의 안정감 확대

이러한 감정들이 지나가고 대상 기업의 직원들이 변화를 받아들일 준비가 되면, 본격적인 PMI를 실시한다. 6개월에서 1년의 기간을 잡고 이 기간 동안 서로 다른 문화를 하나로 모으고, 업무 체계도 새롭게 정비해야 한다. 때로는 중복된 인력을 조정하는 작업도 필요하다.

자연스럽게 두 부류의 직원이 나타난다. 새로운 방식에 적응하며 앞으로 나아가는 이들과, 여전히 과거에 머물러 있는 사람들이다. 시간이 지나가며 동료들이 차차 새로운 경영 체제에 적응하는 모습을 보면서 대부분의 직원들은 전자에 속하게 된다. 그러나, 마지막까지 과거에 머무르려 하며 통합을 방해하는 사람들까지 나타나게 된다. 이럴 때는 결단이 필요할 수 있다.

PMI는 마음을 얻는 일이다. 그 때문에 성공적인 PMI를 달성하기 위해서는 대상 기업 직원들의 심리 상태까지 고려할 필요가 있다.

# 05

크로스보더 PMI, 현지화가 답이다

이제 기업들은 더 넓은 시장을 찾아 해외로 눈을 돌릴 수밖에 없다. 국내 시장만으로는 한계가 명확하다. 경쟁이 치열해지고 시장이 포화하면서 새로운 성장 동력을 찾기가 쉽지 않기 때문이다. 또한 세상은 점점 좁아지고 있다. 디지털 기술이 발달하고 물류가 혁신되면서 국가 간 장벽도 많이 낮아졌다. 어떤 기업이 국내에서만 사업을 한다고 해도, 이미 해외 기업들과 경쟁하고 있는 셈이다.

이런 상황에서 크로스보더 M&A는 매력적인 선택지가 된다. 해외 시장에 처음부터 직접 진출하려면 많은 시간과 비용이 든다. 브랜드를 알리고, 고객을 확보하고, 네트워크를 구축하는 일이 만만치 않다. 하지만 현지 기업을 인수하면 이런 과정을 한 번에 해결할 수 있는 것이다.

다만, 크로스보더 M&A는 국내 M&A에 비해 난이도가 높다. 법률이나 언어의 문제도 있지만, 특히 문화 차이가 두드러진다는 점에서 그러하다. 가령 서구 기업에서는 직급에 상관없이 누구나 자유롭게 의견을 낸다. 신입 사원도 임원과 토론할 수 있고, 상사의 의견에 반대 의견을 내는 것도 자연스럽다. 반면 아시아 기업은 대체로 위계질서가 마치 군대처럼 뚜렷하다. 윗사람의 결정에 이의를 제기하기 어렵고, 조직의 방향성이나 행동 양식도 주로 위에서 아래로 내려온다.

또한 기본적으로 서구권은 개인주의를 기반으로 하고 있다. 개인이 잘하면 이익이 올라가고 반대로 성과가 낮으면 그만큼 불이익을 받는다. 하지만 동양권에서는 조직의 조화를 더 중시한다. 개인의 성과보다는 팀워크를 강조하고, 회사에 얼마나 오래 다녔는지가 상대적으로 중요한 기준이 된다. 의사소통 방식은 더욱 미묘하다. 말하는 방식 자체가 다르다. 미국이나 유럽 사람들은 할 말은 하고, 안 되는 건 안 된다고 직접 이야기한다. 반면 아시아권에서는 돌려 말하는 게 미덕이다. 상대방과의 관계를 고려하면서 은근히 의견을 전달하는 식이다.

사람은 바뀌기 어렵다. 인수한 현지 기업의 사람들에게 우리 기업의 문화를 심는다는 것은 쉽지 않은 일이다. 따라서 현지화가 답이다.

우리 기업의 문화를 기반으로 두고 현지 문화를 반영한다는 느낌보다, 현지 문화를 기반으로 해야 하는 것이다.

이를 위해서는 극단적으로 이야기하면 CFO를 제외하고는 CEO와 CMO를 포함한 총괄 관리직까지 현지에서 채용하는 것이 좋을 수 있다. 쉽게 말해 본사에서는 재무 관리만 하고 나머지는 현지화를 한다는 이야기다.

기업 운영에서 재무 관리는 글로벌 스탠더드가 적용될 수 있지만, 인사, 마케팅, 영업, 운영 등은 현지 시장과 문화에 밀접하게 연결된다. 본사 출신 경영진이 현지 시장을 깊이 이해하기는 어렵지만, 현지에서 채용된 인력은 그 나라의 비즈니스 관행과 고객 니즈를 잘 알고 있어 보다 효과적인 전략을 수립할 수 있다. 한편으로 해외 기업에 인수되면 기존 직원들은 새로운 경영진에 대한 불신을 가지기 쉽다. 만약 본사에서 다수의 경영진을 파견하면, 기존 직원들은 "우리가 운영하던 방식을 무시하고 외부에서 모든 걸 바꾸려 한다"는 거부감을 가질 수 있다. 하지만 대다수의 경영진을 현지에서 채용하면, 직원들이 더 쉽게 적응하고 통합 과정이 원활해진다. M&A도 국가별 맞춤형이 필요한 것이다.

06
사례 연구

"PMI는 조직 구성원의 마음을 얻는 일이다."

PMI는 회사의 조직도를 바꾸고 시스템을 통합하는 기술적인 작업보다도, 구성원들의 신뢰를 얻고, 새로운 비전 아래 하나의 회사로 성장할 수 있도록 이끄는 과정에 가깝다. PMI가 성공적으로 이뤄지면 직원들과 고객들이 새로운 조직을 자연스럽게 받아들이고, 기대했던 시너지도 실현될 가능성이 높아진다. 이를 위해서는 경영진이 적극적으로 소통하고, 서로의 문화를 존중하며, 함께 장기적인 성장을 만들어가겠다는 의지를 보여줘야 한다.

M&A 이후에 PMI를 성공적으로 해낸 대표적인 국내의 두 가지 사례를 살펴보면 이런 요소들이 어떻게 실제로 적용되었는지 잘 알 수 있다.

현대차의 사례

1998년은 우리나라 기업들에 힘든 시기였다. IMF 외환위기로 많은 기업이 어려움을 겪었고, 기아자동차도 부도 위기에 직면했다. 결국 기아차는 현대차에 인수되기로 결정됐지만, 이 과정에서 가장 큰 걸림돌은 의외의 곳에 있었다. 바로 조직 내부의 감정과 신뢰 문제였다.

당시 기아차 직원들과 노조는 현대차를 바라보는 시선이 긍정적이지만은 않았다. "우리 회사를 강제로 지배하려는 것이 아닐까?", "우리의 앞날은 어떻게 되는 걸까?" 하는 불신과 두려움이 가득했다. 이런 불신과 불안함은 M&A 때 흔히 볼 수 있는 모습이다. 하지만 정몽구 회장은 이런 상황을 특별한 방식으로 풀어나갔다.

어느 날 새벽, 정몽구 회장이 기아차의 소하리 공장을 찾았다. 그리고 야간 근무 작업을 마친 작업자들과 막걸리를 함께 마시며 허심탄회한 이야기들을 나누었다. 보통 같았으면 경영진이 이런 시간에 공장을 찾는 건 이례적인 일이었다. 더구나 공식적인 회의나 공장 점검도 아닌, 작업자들과 막걸리를 마시며 대화를 나누겠다는 건 더욱 파격적인 행보였다.

　당시 기아차 노조는 강경하기로 유명했고, 이들을 설득하는 것이 현대차의 과제였다. 처음부터 순탄한 것은 아니었지만, 정몽구 회장은 포기하지 않고 노동자들과 계속 소통했다. 그는 "기아차를 살리기 위해서는 우리가 함께 가야 한다"는 메시지를 강조했다. 이런 모습을 보면서 기아차 소속의 사람들도 마음을 더 열기 시작했다. 현대차가 단순히 기아차를 지배하려는 게 아니라, 기아차의 브랜드와 자부심을 존중하면서 함께 성장하고 싶어 한다는 진정성이 전해진 것이다.

　시간이 흐르면서 기아차 노조의 반발도 점차 줄어들었고, 두 회사는 성공적으로 협력할 수 있게 되었다. 이후 현대차와 기아차는 서로의 장점을 살리며 시너지를 내면서 대한민국을 대표하는 글로벌 자동차 그룹으로 성장했다. 지금도 두 회사는 각자의 정체성을 유지하면서도 긴밀하게 협력하는 관계를 이어가고 있다.

　이 사례는 PMI 과정에서 가장 중요한 것이 무엇인지 잘 보여준다. 바로 조직 구성원들의 마음을 얻는 것이다. 위에서 아래로 명령하고 지시하는 게 아니라, 직원들과 같은 눈높이에서 진심으로 소통하는 자세가 필요하다. 더불어 경영진이 먼저 조직에 녹아들면서 함께 성장해 나가겠다는 진정성 있는 메시지를 보여줘야 한다. 이런 노력이 쌓여야 비로소 성공적인 PMI가 가능하다는 것을 현대차와 기아차의 사례가 잘 보여주고 있다.

신한은행의 사례

두 번째는 신한은행의 조흥은행 인수 당시의 PMI 사례이다.

2003년 신한은행이 100년 전통의 조흥은행을 지주사로 편입했을 때 가장 큰 숙제는 조흥은행 직원들의 마음을 얻는 일이었다. 인수 후에 조직 내부의 저항 없이 자연스럽게 두 은행이 하나가 되도록 만드는 것이 중요했다.

조흥은행은 1897년 한성은행으로 출발하여 시작한 우리나라에서 오래된 은행 중 하나였다. 오랜 역사만큼이나 직원들의 자부심도 대단했고, 그들만의 조직 문화도 있었다. 만약 신한은행이 이런 점을 무시하고 강압적으로 조흥은행을 흡수하려 했다면 어땠을까? 아마도 직원들이 크게 반발하고 고객들도 떠나가면서 조직이 큰 혼란에 빠졌을 것이다. 하지만 신한은행은 이런 문제를 미리 내다보고, 기존 조직을 존중하는 방향으로 PMI를 설계했다.

보통 기업들은 M&A 후에 바로 자기 회사 이름을 내세우기 위해 법인명부터 바꾸는 경우가 많다. 하지만 신한은행은 달랐다. 조흥은행의 전통과 역사를 존중하는 게 우선이라고 판단했다. 그래서 조흥은행을 인수하고도 바로 은행 이름을 바꾸지 않았다. 2년간은 각자 개별 은행 체제를 유지하기로 약속하기도 하였다. 이런 결정은 직원들에게 "우리가 무시당하는 게 아니다"라는 신호를 주었고, 고객들에게도 "기존 은행의 신뢰와 안정성이 그대로 유지된다"는 메시지를 전했다. 덕분에 조흥은행 직원들은 큰 문화적 충격 없이 변화를 받아들일 수 있었고, 고객들도 기존 은행 서비스를 안정적으로 계속 이용할 수 있었다. 이후 2006년에 이르러 본격적인 합병을 할 때도 상호는 신한은행으로 하였으나, 법적 존속 법인을 조흥은행으로 소멸 법인을 신한은행으로 하는 이례적인 행보를 보여주었다.

더 놀라운 건 조흥은행 노조위원장을 신한은행 부행장으로 승진시킨 결정이었다. 당시 조흥은행 직원들은 인수로 인한 조직 변화에 대해 불안감을 느끼고 있었다. 하지만 이런 파격적인 결정은 '신한은행이 조흥은행 직원들을 진심으로 존중하며, 함께 가겠다.'는 강력한 메시지를 주었던 것이다. 직원들은 이를 보면서 신한은행이 자신들을 배제하려는 게 아니라, 조흥은행의 정체성을 지키면서 통합을 추진하고 있다는 것을 느끼기 시작했다. 그 결과 조흥은행 직원들은 자연스럽게 신한은행을 받아들였고, 두 은행의 조직 통합도 빠르게 진행될 수 있었다.

신한은행의 조흥은행 인수 사례에서 우리는 PMI에서 강압적으로 조직을 합치는 게 아니라, 구성원들이 자연스럽게 새로운 변화에 적응할 수 있도록 배려하는 게 핵심이라는 점을 알 수 있다. 은행 이름을 바로 바꾸지 않고 기존의 정체성을 존중한 것, 조직 내부의 중요한 인사를 배려하며 기존 직원들의 자부심을 지켜준 것 등이 성공적인 통합을 이끈 중요한 전략이었다. (이 사례는 하버드 비즈니스 리뷰(Harvard Business Review, 2005)에서도 성공적인 PMI 사례로 인용된 적이 있다.)

7장

한국 M&A의 미래를 위한 제언

지금까지 한국 M&A의 전반적인 흐름을 분석하고 실무적 오류와 특징을 언급하였다. 이번 장에서는 한국 M&A에 대해 몇 가지 제언을 하고자 한다.

한국은 과거 30년간 M&A의 지속적인 성장을 거듭해 왔다. 그러나 아직 한국의 경제 수준에 걸맞은 M&A 수준에는 부족하다고 판단된다. 한국 기업의 미래는 여전히 M&A에 달려 있으며, 특히 크로스보더 M&A(Cross-Border M&A)는 피할 수 없는 상황이다. 앞서 언급한 것처럼 이제는 기업 인수를 부동산 매수처럼 생각하는 것은 지양하고 제대로 된 수준의 M&A가 이루어져야 한다. 특히 정도(正道)의 M&A 수립이 반드시 필요하다고 본다. 이에 다음과 같은 사항들을 제언하고자 한다.

1. M&A 과정별 세분화 및 전문화 필요성
2. 신속하고 투명한 M&A를 위한 재무 자료 표준화 필요성
3. M&A 금융 기법으로서 LBO 확대의 필요성
4. 크로스보더 M&A 확대의 필요성
5. 훌륭한 M&A 딜 메이커(Deal maker) 양성의 필요성

01
M&A 과정별 세분화 및 전문화

산업이 발전하면 자연스럽게 과정은 세분되기 마련이다. 가령 건설업을 예로 들어보자. 과거에는 한 업체가 복수의 과정을 도맡아 했지만, 지금은 '땅을 파는 업체', '골조를 세우는 업체', '시멘트를 붓는 업체', '유리를 끼우는 업체', '타일을 붙이는 업체' 등등으로 나누어져 있다.

M&A 시장도 비슷한 변화를 겪어 왔다. 미국에서는 이미 어느 정도의 세분화가 진행되었다. 전략을 수립하는 전문가는 기업의 성장

방향과 M&A 목표를 설정하고, 산업 분석을 통해 최적의 인수 대상을 선정한다. 자금 조달 전문가는 인수 금융 구조를 설계하고, 은행이나 사모 펀드, 벤처 캐피털과 협업해 재무적 리스크를 최소화하는 전략을 마련한다. 가치 분석 전문가는 인수 대상 기업의 재무제표를 면밀히 분석하고 실사를 수행한다. PMI 전문가는 인수 후 조직과 문화를 통합하고, 운영 효율성을 극대화할 수 있도록 지원한다.

한국의 M&A 시장은 아직 발전의 여지가 많다. 현재는 소수의 전문가가 여러 역할을 동시에 수행하는 경우가 많다. 하지만 보다 세분된 전문가 그룹이 형성된다면 M&A의 성공 가능성을 높이고, 기업들이 더 정교한 인수 전략을 실행할 수 있을 것이다.

02

신속하고 투명한 M&A를 위한 재무 자료 표준화의 필요성

내가 M&A 시장을 지켜보면서 안타까운 점 중 하나는 불필요하게 높은 진입 장벽이다. 대표적인 것이 기업 가치 분석 비용이다. 현재는 회계법인 등 가치 분석 전문 기관에 의뢰해야 하는데, 한 건당 최소 3,000만 원 정도가 드는 것이 보통이다. 중소기업 입장에서는 부담스러운 금액이 아닐 수 없다.

"M&A를 한번 알아보려고 했더니, 분석 비용만 3천만 원이라네요. 거래가 성사될지도 모르는데 그 돈을 일단 써야 한다니…."

실제로 내가 만난 많은 중소기업 대표가 이런 고민을 털어놓았다. 물론 전문가의 분석이 필요한 것은 맞다. 그러나 현재의 방식은 너무 경직되어 있다는 생각이 든다.

나는 이 문제의 해결책으로 표준화된 기업 가치 분석 시스템을 제안하고 싶다. 신뢰할 수 있는 기관이 일정한 형식으로 기업들의 가치를 분석하고, 이를 합리적인 비용으로 제공하는 것이다. 마치 신용 평가사들이 기업의 신용 등급을 평가하는 것처럼 말이다.

그러면 거래 비용이 크게 줄어들 것이다. 그리고 정보의 비대칭성도 완화될 수 있다. 지금은 기업 가치 분석이 거래 당사자들만 보는 비공개 정보인 경우가 많은데, 표준화된 정보가 제공된다면 시장의 투명성도 높아질 것이다. 만약 신뢰할 수 있는 기관이 표준화된 형태로 이러한 정보를 제공해 준다면 훨씬 더 많은 거래가 활발하게 이루어질 것으로 기대한다.

03
M&A 금융 기법으로서 LBO 확대 필요성

앞서 말했듯 M&A 3기에 들어와서 많은 부분이 개선되고 정통 M&A의 방식이 적용되는 딜의 비중이 많이 늘었다. 다만, 아직까지도 우리나라의 일부 M&A 시장은 회색지대 혹은 불법의 영역에 있는 부분들이 있다. 불투명한 자금이 오가고, 주가를 조작해 차익을 노리거나, 내부 거래로 이익을 챙기는 일들이 여전히 일어나고 있다. 우리나라 M&A 시장이 한 단계 더 발전하기 위해서는 이러한 관행들과 작별을 고해야 한다고 생각한다.

사실 이런 문제의 구조적 원인 중 하나는 자금 조달의 어려움이다. 우리나라에서는 M&A를 위한 정상적인 자금 조달, 즉 인수 금융이 제대로 자리 잡지 못했다. 미국이나 유럽의 경우, LBO(Leveraged Buyout)라고 해서 인수 대상 기업의 자산을 담보로 자금을 조달하는 방식이 보편화되어 있다. 그러나 우리나라에서는 이러한 공식적인 금융 수단이 부족하다 보니, 비공식적인 경로로 자금을 마련하게 되는 유혹에 빠지게 될 수 있다.

우리나라의 인수 금융은 사실 부동산 담보 대출과 비슷한 구조로 되어 있는 경우가 많다. 아직 M&A에 대한 전문가가 은행 내에 많이 없고, M&A 시장도 성숙하지 못해서 그렇다고 생각한다. 한국 M&A 1세대로서, 앞으로는 LBO에 대한 조금 더 활발한 논의가 생기면 좋겠다.

이러한 인수 금융의 발달은 대기업과 중소기업의 격차를 줄이는 데에도 큰 도움이 될 것이라고 생각한다. 현재 우리나라는 '돈이 있는 기업'만 M&A를 한다. 재무 건전성의 측면에서는 어떨지 몰라도, 다른 나라들이 공격적으로 M&A를 통해 시너지를 창출하며 경쟁력을 확보할 때 우리나라 중소기업은 그러한 기회를 잃어버리는 것이 아닐까 하는 생각이 든다.

04
크로스보더 M&A 확대의 필요성

한국 경제는 이제 새로운 도전에 직면해 있다. 더 이상 국내 시장만을 바라보고 있을 수 없는 상황이다. 단순한 수출이나 해외 지사 설립으로는 글로벌 시장에서 경쟁력을 유지하기 어렵다는 사실을 많은 기업이 체감하고 있다. 이제는 크로스보더 M&A를 통해 직접 해외 시장에 진출해야 할 때다.

첫 번째는 시장의 확대를 위해서다. 우리나라 시장의 한계는 분명하다. 인구 5,000만 명 규모의 시장에서 지속적인 성장을 기대하기는 쉽지 않다. 그동안 한국 기업들은 이러한 한계를 극복하기 위해 여러 방법을 시도해 왔다. 한국에서 생산한 제품을 수출하거나, 해외에 공장을 세워 제품을 생산하는 것이 대표적이다.

특히 많은 한국 기업이 활용해 온 전략이 있다. 바로 미국-멕시코-캐나다 무역 협정을 활용하는 것이다. 멕시코에서 생산한 제품을 미국 시장에 무관세로 판매하는 방식이었다. 하지만 상황이 달라지고 있다. 미국 우선주의 정책이 강화되면서, 미국 외 지역에서 생산한 제품에 높은 관세가 부과될 가능성이 커졌기 때문이다. 실제로 2025년 트럼프 대통령 취임 후 현실로 됐다. 미국 외의 국가에서도 자국 우선주의는 심화할 것으로 보인다.

이러한 환경 변화 속에서 가장 확실한 대안은 외국의 기업을 직접 인수하는 것이다. 외국의 기업을 인수하면 여러 가지 이점이 있다. 해당국 내 생산 기반을 확보할 수 있고, 현지 브랜드를 활용해 시장에 진입할 수 있으며, 관세 부담 없이 사업을 확장할 수 있다.

단순히 제품을 수출하는 시대는 지났다. 이제는 현지 기업을 인수해 직접 시장에 진출하는 방식이 필요한 시점이다.

두 번째는 새로운 기술을 확보하기 위해서다. 한국의 기술력이 세계적으로 인정받고 있다는 것은 분명한 사실이다. 하지만 아직도 특정 분야에서는 해외 기업들이 앞서 있다. 특히 유럽에는 우리가 주목해야 할 기업들이 많다. 수십 년, 때로는 수백 년간 가족 경영으로 이어져 온 기술 강소 기업들이다. 이들은 전통적인 장인 정신을 지켜오면서도 최신 혁신 기술을 접목해 발전해 왔다.

독일과 스위스를 살펴보면 이런 기업들을 쉽게 찾을 수 있다. 정밀 기계, 의료 기기, 자동차 부품, 화학 산업 분야에서 세계적인 기술을 보유한 기업들이 많다. 이들은 자본력이 부족해 혼자서는 글로벌 시장을 공략하기 어렵지만, 기술력만큼은 세계 최고를 자부한다.

이러한 '핵심이 있는 작은 기업'들을 인수하는 것은 한국 기업들에 새로운 기회가 될 수 있다.

또 다른 이유는 현재 한국 기업들에 한류라는 기회가 왔기 때문이다. 시장성에 더해 PMI의 차원에서도 문화의 영향력은 크다. 특히 대상 기업이 인수 기업이 속한 국가에 가지는 호감도가 주요하게 작용한다. 가령 후진국 기업이 선진국 기업을 인수하려 할 때는 문화적 거부감이라는 장벽에 부딪히게 되는 것이다. 반면에 긍정적인 이미지가 형성된 국가의 기업이라면, 현지에서의 반발이 훨씬 적다.

이는 사실 이미 검증된 바다. 미국 기업들의 해외 진출 사례를 보면 이런 점을 잘 알 수 있다. 미국 기업들은 해외 진출을 가속화하던 시점에, 해당 지역에 '맥도날드'가 있는지를 분석했다고 한다. 문화적 수용성을 사전에 알기 위해서다. 골드만삭스와 같은 IB가 인수 기업과 함께 가서 엘비스 프레슬리의 음악이 흐르는 지역에서 운영되고 있는 기업들을 인수했다. 해당 국가의 사람들이 이미 미국 문화에 친숙해지면서, 미국 기업들의 인수 합병도 자연스럽게 받아들였기 때문이다.

지금 한국은 그런 면에서 좋은 기회가 왔다. 한류의 영향력이 전 세계적으로 커지면서, 글로벌 시장에서 한국의 브랜드 이미지가 매우 긍정적으로 형성되고 있다. BTS와 블랙핑크 같은 K-POP 스타들이 한국 문화를 세계에 알렸고, K-뷰티, K-푸드, K-드라마는 이미 글로벌한 문화 콘텐츠가 되었다. 2023년 한강 작가의 노벨문학상 수상은 한국 문학의 위상을 한 단계 더 높이기도 했다.

이제 한국이라는 브랜드 자체가 글로벌 시장에서 긍정적인 이미지를 가지게 되었다. 한국 기업들이 해외 기업을 인수할 때 이전보다 유리한 상황이 온 것이다.

더 이상 제품을 수출하는 것만으로는 충분하지 않다. 직접 해외 시장에 진출하고, 핵심 기술을 확보하며, 글로벌 브랜드 가치를 높이는 것. 이것이 바로 우리 기업들이 나아가야 할 방향이다. 한국 기업들이 세계 시장에서의 지속적인 성장을 위해서는 크로스보더 M&A가 필수가 되어야 한다.

05
훌륭한 M&A 딜 메이커 양성의 필요성

　한국의 M&A 시장은 빠르게 성장하고 있다. 하지만 시장의 성장 이면에는 아직 해결해야 할 구조적인 한계들이 존재한다. 기업 인수를 진행할 때 변호사, 회계사, 금융 전문가 등 여러 분야의 전문가들이 참여하지만, 각자가 자신의 전문 영역에만 집중하는 경향이 강하다는 점이 그중 하나다.

　현재 M&A 과정을 들여다보면, 변호사는 법률적 리스크를 분석하고, 회계사는 재무 실사를 담당하며, 금융 전문가는 자금 조달 방안을 마련한다. 하지만 M&A의 전체적인 흐름을 조율하고 통합적인 시각에서 바라보는 역할은 상대적으로 부족한 실정이다. 또한 우리나라 M&A 환경에서는 각 전문가가 개별적으로 역할을 수행하다 보니, 전체적인 그림을 그리고 조율하는 역할이 부재한 경우가 많다.

M&A는 책상에서 배우는 학문이 아니다. 전략, 재무, 법률, 협상, 통합 등 여러 요소가 복잡하게 얽혀 있는 기술이자 실전의 영역이다. 또한 재무제표 속 숫자와 계약서 조항에 있는 법률적 효력을 넘어, 사람과 조직 문화, 사업 운영 방식까지 모두 고려해야 하는 복합적인 과정이다. 경험을 쌓은 딜 메이커의 역할이 필수적인 이유다.

특히 기업 인수를 추진하는 오너나 경영진의 입장에서는 더욱 어려움이 크다. M&A 경험이 부족한 경우가 많아, 전문가들의 개별적인 조언을 종합적으로 이해하고 판단하는 데 한계를 느낀다. 변호사와 회계사가 각자의 분야에 대한 조언을 내놓지만, 그러한 정보들을 하나로 묶어 최적의 결정을 내리는 것은 또 다른 차원의 문제다.

대형 M&A의 경우에는 사모 펀드나 투자 은행이 이러한 역할을 수행하기도 한다. 하지만 이는 대기업이나 대형 거래에서나 가능한 이야기다. 중견기업이나 스타트업의 M&A에서는 여전히 통합적인 시각을 가진 전문가를 찾기가 어렵다. 결국 기업들은 개별적인 문제 해결에만 집중하다가 정작 중요한 전략적 판단을 놓치는 경우가 많다.

진정 성공적인 M&A를 위해서는 각 전문가가 고유 영역을 존중하면서도, 이들의 조언을 하나의 일관된 방향으로 조율할 수 있는 총괄 책임자가 반드시 필요하다. 마치 오케스트라의 지휘자처럼 전체를 아우르는 딜 메이커 말이다.

물론 이러한 전문성을 갖추기 위해서는 상당한 시간과 노력이 투입되어야 한다. 하지만 M&A는 그만한 가치가 충분히 있는 일이다. 기업은 살아 있는 생명체와 같다. 형식적인 서류 작업(Paperwork)이나 재무적 계산만으로는 진정한 성과를 얻을 수 없다. 혼과 정성이 담긴 M&A만이 예상을 뛰어넘는 시너지를 창출할 수 있다고 확신한다. 산업에 대한 깊이 있는 분석부터 시작하여 양 기업 간의 진정한 시너지를 발굴하고 이를 실현 가능한 딜로 구현해 내는 것, 바로 이것이 단순한 거래 중개인과 진정한 딜 메이커를 구분하는 핵심이다.

'로마는 하루아침에 이루어지지 않았다(Rome was not built in a day.)' 이 말로 글을 마무리하고자 한다. 우리나라 M&A 시장의 진정한 발전을 위해 많은 후배가 끊임없이 정진해 주기를 간절히 기대한다.

나도 최고의
M&A 전문가가
될 수 있다

1판 1쇄 발행   2025년 12월 1일

지은이   김정열
펴낸이   정원우
편집총괄   민지현
디자인   홍성권

펴낸곳   어깨 위 망원경
출판등록   2021년 7월 6일 (제2021-00220호)
주소   서울시 강남구 강남대로 118길 24 3층
이메일   book@premiumpublish.com

ISBN   979-11-93200-47-6 (03320)

ⓒ2025, 김정열 All rights reserved.

이 책은 저작권법에 따라 보호받는 저작물이므로 무단전재와 무단복제를 금지하며,
이 책의 내용을 이용하려면 반드시 저작권자와 본사의 서면동의를 받아야 합니다.